VOYAGE SENTIMENTAL.

PREMIERE PARTIE.

VOYAGE
SENTIMENTAL.

PAR MR. STERNE,

Sous le nom d'YORICK.

TRADUIT DE L'ANGLAIS
PAR MR. FRÉNAIS.

NOUVELLE ÉDITION,
Augmentée des LETTRES d'YORICK à ELIZA, & d'ELIZA à YORICK.

Avec figures.

PREMIERE PARTIE.

A GENÈVE,
Chez BARDE, MANGET & Compagnie, Imprimeurs-Libraires.
Et à *PARIS*, chez BUISSON, Libr. rue des Poitevins, hôtel de Mesgrigny, N°. 13.

M. DCC. LXXXVI.

AVERTISSEMENT
DU TRADUCTEUR.

CE petit ouvrage eſt de M. STERNE, Prébendaire d'Yorck, ſi connu par le livre ſingulier, intitulé : *La Vie & les Opinions de* TRISTRAM SHANDY, ſi extraordinaire en effet, qu'il ſeroit preſque impoſſible d'en donner même une légere idée. Le Shandy, dont on annonce la vie, eſt à peine né dans le quatrieme volume.... Souvent l'Auteur met la main à la plume, ſans ſavoir ce qu'il va dire. " Je ſuis bien ſûr,

„ dit-il dans un endroit, que ſi ma
„ méthode d'écrire n'eſt pas la meil-
„ leure, elle eſt du moins la plus reli-
„ gieuſe ; car je commence par écrire
„ la premiere phraſe, & je m'aban-
„ donne à la Providence pour le
„ reſte ".

M. Sterne vint à Paris pendant la derniere guerre.... On lui demandoit s'il n'avoit pas trouvé en France quelque caractere original dont il pût faire uſage dans ſon Roman : *Non, dit-il, les hommes y ſont comme ces pieces de monnoie dont l'empreinte eſt effacée par le frottement.*

Mais si M. Sterne ne trouvoit point parmi nous de caractere fortement exprimé, il avoit l'avantage de saisir avec beaucoup de finesse & de sentiment les foibles nuances qui nous restent encore pour nous distinguer : l'ouvrage dont nous offrons la traduction en est une preuve. Son intention étoit de l'étendre jusqu'à l'Italie ; la mort l'a prévenu, & ce n'est ici le recueil que de ce qu'il a observé chez nous. Le titre de *Voyage Sentimental* qu'il a donné à ses observations, annonce assez leur genre pour que nous nous épargnions la peine de le définir : on y verra par-tout un caractere aimable de philantropie qui ne se dément jamais, & sous le voile de la gaieté, & même quelquefois de la bouffonnerie, des traits d'une sensibilité tendre & vraie, qui arrachent des larmes en même tems que l'on rit. Le mot anglois *sentimental* n'a pu se rendre en françois par aucune expression qui pût y répondre, & on l'a laissé subsister. Peut-être trouvera-t-on en lisant qu'il mériteroit de passer dans notre langue.

LAURENT STERNE

A[t]. D. Moliere Fecit.

VOYAGE SENTIMENTAL EN FRANCE.

CHAPITRE I.

Je pars & j'arrive.

« CETTE affaire, dis-je, est mieux ré-
» glée en France ».

Vous avez été en France ? me dit le plus poliment du monde & avec un air de triomphe, la personne avec laquelle je disputois. . . . . Il est bien surprenant, dis-je en moi-même, que la navigation de vingt-un milles puiſſe donner tant de droits à un homme.... Je les examinerai..... Ce projet fait auſſi-tôt ceſſer la diſpute..... Je me retire chez moi..... je fais un paquet d'une demi-douzaine de chemiſes, d'une culotte de ſoie noire.... Je jette un coup-d'œil ſur les manches de mon habit; je vois qu'il peut paſſer.... Je prends une place dans la voiture publique de Douvres. J'arrive. On me dit que le paquebot part le lendemain matin à neuf heures. Je m'embarque; & à trois heures après midi, je mange en France une fricaſſée de poulets, avec une telle certitude d'y être, que, s'il m'étoit arrivé, la nuit ſuivante, de mourir d'indigeſtion, le monde entier n'auroit pu ſuſpendre l'effet du droit d'aubaine. Mes chemiſes, ma culotte de ſoie noire, mon porte-manteau, le tout auroit appartenu au roi de France; & ce petit portrait que j'ai ſi long-tems porté, & que je t'ai ſi ſouvent dit, ma Liſette, que j'emporterois avec moi dans le tombeau, hélas! que ſeroit-il devenu? On me l'auroit arraché du cou....

En vérité, c'eſt être peu généreux, que de ſe ſaiſir des effets d'un imprudent étranger, que la politeſſe & la civilité de vos ſujets engagent à parcourir vos Etats. . . . Par le ciel, Sire, le trait n'eſt pas beau. Il ne convient pas au monarque d'un peuple ſi honnête, & dont la délicateſſe des ſentimens eſt ſi vantée par tout, d'en agir ainſi avec moi, qui ne deſire autre choſe que de le connoître & de me familiariſer avec lui. . . .

A peine ai-je mis le pied dans vos Etats. . .

CHAPITRE II.

Calais. Senſations.

Je dînai. Je bus, pour l'acquit de ma conſcience, quelques raſades à la ſanté du roi de France, à qui je ne voulois point de mal; je l'honorois & reſpectois, au contraire, infiniment, à cauſe de ſon humeur affable & humaine; & quand cela fut fait, je me levai de table, en me croyant d'un pouce plus grand.

Non.... dis-je, la race des Bourbons est bien éloignée d'être cruelle.... Ils peuvent se laisser surprendre ; c'est le sort de presque tous les princes : mais il est dans leur sang d'être doux & modérés. Tandis que cette vérité se rendoit sensible à mon ame, je sentois sur ma joue un épanchement d'une espece plus délicate, une chaleur plus douce & plus propice que celle que pouvoit produire le vin de Bourgogne que je venois de boire, & qui coûtoit au moins quarante sols la bouteille.

Juste Dieu ! m'écriai-je, en donnant un coup de pied dans mon porte-manteau, qu'y a-t-il donc dans les biens de ce monde pour aigrir si fort nos esprits, & causer des querelles si vives entre ce grand nombre d'affectionnés freres qui s'y trouvent ?

Lorsqu'un homme vit en paix & en amitié avec les autres, le plus pesant des métaux (*) est plus léger qu'une plume dans sa main. Il tire sa bourse, la tient ouverte, & regarde autour de lui comme s'il cherchoit

(*) L'Or.

un objet avec lequel il pourroit la partager. C'eſt préciſément ce que je cherchois.... Je ſentois toutes mes veines ſe dilater ; le battement de mes arteres ſe faiſoit avec un concert admirable ; toutes les puiſſances de la vie accompliſſoient en moi leurs mouvemens avec la plus grande facilité ; & la précieuſe la plus inſtruite de Paris, avec tout ſon matérialiſme, auroit eu de la peine à me reconnoître & à m'appeller une machine. . . .

Je ſuis perſuadé, me diſois-je à moi-même, que je bouleverſerois ſon *credo.*

Cette idée, qui ſe joignit à celles que j'avois, éleva en moi, dans ce moment, la nature auſſi haut qu'elle pouvoit monter.... J'étois en paix avec tout le monde auparavant, & cette penſée acheva de me faire conclure le même traité avec moi-même.

Si j'étois à préſent roi de France, me diſois-je, quel moment favorable à un orphelin, pour me demander, malgré le droit d'aubaine, le porte-manteau de ſon pere !

CHAPITRE III.

Le Moine à Calais.

CETTE exclamation étoit à peine fortie de ma bouche, qu'un moine, de l'ordre de St. François, entra dans ma chambre pour me demander quelque chofe pour fon couvent. Perfonne ne veut que le hafard dirige fes vertus. Un homme peut n'être généreux que de la même maniere qu'un autre, felon la diftinction des cafuiftes, peut être puiffant. . . . *Sed non ad hanc*. . . .

Quoiqu'il en foit. . . . Mais peut-on raifonner régulierement fur le flux & le reflux de nos humeurs? . . . . Elles dépendent, peut-être, des mêmes caufes que les marées; & fi cela étoit, ce feroit une efpece d'excufe à cette inconftance à laquelle nous fommes fi fujets. Je fais bien, pour ce qui me regarde, que j'aimerois mieux qu'on dit de moi dans une affaire où il n'y auroit ni péché ni honte, que j'ai été dirigé par les influences de la lune, que d'entendre attribuer l'action, où il y en auroit, à mon *libre arbitre.*

Quoi qu'il en soit, car il faut revenir où j'en étois, je n'eus pas si tôt jeté les yeux sur le moine, que je me sentis *prédéterminé* à ne lui pas donner un sol. Je renouai effectivement le cordon de ma bourse, & je la remis dans ma poche. Je pris un certain air, &, la tête haute, j'avançai gravement vers lui; je crois même qu'il y avoit quelque chose de rude & de rebutant dans mes regards. Sa figure est encore présente à mes yeux, & il me semble, en me la rapellant, qu'elle méritoit un accueil plus honnête. Si j'en juge par sa tête chauve & le peu de cheveux blancs qui lui restoient, il pouvoit avoir soixante-dix ans. Cependant ses yeux, où l'on voyoit une espece de feu que l'usage du monde avoit plutôt modéré que le nombre des années, n'indiquoient que soixante ans. La vérité étoit, peut-être, au milieu de ces deux calculs; c'est-à-dire qu'il pouvoit avoir soixante-cinq ans : sa physionomie, en général, lui donnoit cet âge : les rides dont elle étoit sillonnée ne font rien à la chose ; elles pouvoient être prématurées.

C'étoit une de ces têtes qui sont souvent sorties du pinceau du Guide. Une figure douce, pâle, n'ayant point l'air d'une ignorance nourrie par la présomption ; des yeux pénétrans, & qui, cependant, se baissoient avec modestie vers la terre & sembloient viser à quelque chose au-delà de ce monde. Dieu sait mieux que moi comment cette tête & cette figure avoient été placées sur les épaules d'un moine, & sur-tout d'un moine de son ordre ; elle auroit mieux convenu à un bracmane : mais il l'avoit, & je l'aurois respecté, si je l'avois rencontré dans les plaines de l'Indoustan.

Le reste de sa figure étoit ordinaire, & il auroit été aisé de la peindre, parce qu'il n'y avoit rien d'agréable ni de rebutant, que ce que le caractere & l'expression rendoient tel. Sa taille, au-dessus de la médiocre, étoit un peu raccourcie par une courbure ou un pli qu'elle faiſoit en avant : mais c'étoit l'attitude d'un moine qui ſe voue à l'art de mendier ; &, à tout prendre, telle qu'elle ſe préſente, en ce moment, à mon imagination, elle gagnoit plus qu'elle ne perdoit à être ainſi.

Il fit trois pas en avant dans la chambre, mit la main gauche ſur ſa poitrine, & ſe tint debout avec un bâton blanc dans ſa main droite. Il détailla les beſoins de ſon couvent & la pauvreté de ſon ordre.... Il le fit d'un air ſi naturel, ſi gracieux, ſi humble, qu'il falloit que j'euſſe été enſorcelé pour n'en être pas touché....

Mais la meilleure raiſon que je puiſſe alléguer de mon inſenſibilité, c'eſt que j'étois prédéterminé à ne lui pas donner un ſol.

CHAPITRE IV.

Cause de Repentir.

Il eſt bien vrai, lui dis-je, pour répondre à une élévation de ſes yeux qui avoit terminé ſon diſcours, il eſt bien vrai!.... Je ſouhaite que le ciel ſoit propice à ceux qui n'ont d'autre reſſource que la charité du public; mais je crains qu'elle ne ſoit pas aſſez zélée pour ſatisfaire à toutes les demandes qu'on lui fait à chaque inſtant.

A ce mot de demandes, il jeta un coup-d'œil léger ſur une des manches de ſa robe.... Je ſentis toute l'éloquence de ce langage. Je l'avoue, dis-je, un habit groſſier qu'il ne faut uſer qu'en trois ans, & un ordinaire apparemment fort mince.... je l'avoue, tout cela n'eſt pas grand'choſe; mais encore eſt-ce dommage qu'on puiſſe les acquérir dans ce monde avec auſſi peu d'induſtrie que votre ordre en emploie pour ſe les procurer : il ne les obtient qu'aux dépends des fonds destinés aux aveugles, aux infirmes, aux estropiés, & aux personnes âgées.... Le captif, qui, le soir, en se couchant, compte les heures de ses afflictions, languit après une partie de cette aumône à laquelle il aspire.... Que n'êtes-vous de l'ordre de la Merci, au lieu d'être de celui de St. François!... Pauvre comme je suis, vous voyez mon porte-manteau, il est léger, mais il se feroit ouvert avec plaisir pour contribuer à rançonner des malheureux.... Le moine me salua.... Mais sur-tout, ajoutai-je, les infortunés de notre propre pays exigent la préférence, & j'en ai laissé des milliers sur les rivages de ma patrie.... Il fit un mouvement de tête plein de cordialité, qui sembloit me dire que la misere regne dans tous les coins du monde, aussi bien que dans son couvent... Mais nous distinguons, lui dis-je, en posant la main sur la manche de sa robe, dans l'intention de répondre à son signe de tête, nous distinguons, mon bon pere, ceux qui ne desirent d'avoir du pain que par leur propre travail, d'avec ceux qui, au contraire, ne veulent vivre qu'aux dépends du travail des autres, & qui, en demandant le néceſſaire pour l'amour de Dieu, n'ont d'autre plan de vie que de l'acquérir par le moyen de leur oiſiveté & de leur ignorance.

Le pauvre Franciſcain ne répliqua pas.... Un rayon de rougeur traverſa ſes joues, & ſe diſſipa dans un clin-d'œil; il ſembloit que la nature épuiſée ne lui fourniſſoit point de reſſentiment.... du moins il n'en fit pas voir. Il laiſſa tomber ſon bâton blanc ſur ſon bras, ſe baiſſa avec réſignation ſur ſes deux mains, & ſe retira.

CHAPITRE V.

L'utilité des Avocats.

IL n'eut pas ſitôt fermé la porte, que mon cœur me fit un reproche de dureté. Je voulus, à trois fois différentes, prendre un air de *ſans ſouci*; mais ma tranquillité ne revenoit pas. Tout ce que je lui avois dit de désagréable se présenta de nouveau à mon imagination. Je fis réflexion que je n'avois d'autre droit sur ce pauvre moine que de le refuser, & que c'étoit une peine assez grande pour lui, sans y ajouter des paroles dures. Je me rappellois ses cheveux gris; sa figure, son air honnête se retraçoient à mes yeux, & il me sembloit l'entendre dire: Quel mal vous ai-je fait?.... pourquoi me traiter ainsi?.... En vérité j'aurois, dans ce moment, donné vingt francs pour avoir un avocat; il m'auroit trouvé des raisons pour concilier tout cela.... Cependant je me consolai un peu.... Je me suis mal comporté, me disois-je.... mais ne vais-je pas courir le monde? Je ne fais que commencer mes voyages.... J'apprendrai par la suite à me mieux conduire?

CHAPITRE VI.

La Désobligeante à Calais.

J'AVOIS remarqué qu'un homme mécontent de lui-même étoit dans une position d'esprit admirable pour faire un marché. Il me falloit une voiture pour voyager en France; les piétons sont mal reçus dans les auberges. J'apperçus des chaises dans la cour de l'hôtellerie, & je descendis de ma chambre pour en acheter ou pour en louer une. Une vieille désobligeante qui étoit placée dans le coin le plus reculé de la cour, me frappa d'abord les yeux, & je sautai dedans : je la trouvai assez commode; elle me plut, & je fis appeller M. Dessein, le maître de l'hôtellerie.... Mais M. Dessein étoit allé à vêpres. Cela me fâcha un peu : j'aurois fait tout de suite mon affaire.... J'allois descendre, lorsque j'apperçus le moine de l'autre côté de la cour, causant avec une dame qui venoit d'arriver à l'auberge.... Je ne voulois pas qu'ils me vissent; je tirai le rideau de taffetas. Mais que faire dans une désobligeante?.... Parbleu! me voilà bien embarrassé, dis-je; j'ai envie d'écrire mon voyage, qui m'empêche d'en faire ici la préface?.... Je tirai de ma poche ma plume *sans fin*, & je me mis à écrire.

CHAPITRE VII.

Préface dans la Désobligeante.

JE ne doute point qu'il n'y ait des philosophes, péripatéticiens ou autres, il n'importe, qui n'aient observé que la nature, de sa propre autorité, avoit mis des bornes au mécontentement de l'homme; pour moi je l'ai remarqué, & j'ai cru voir qu'elle avoit agi pour lui de la maniere la plus commode & la plus favorable: elle l'a, en effet, obligé à travailler pour obtenir ses aisances, & pour soutenir les revers de la fortune dans son propre pays. Ce n'est que chez lui qu'elle l'a pourvu d'objets les plus propres à participer à ſon bonheur, ou à ſupporter une partie de ſes peines : fardeau qui, dans tous les âges & dans toutes les contrées, a toujours paru trop peſant pour les épaules d'une ſeule perſonne. Il arrive quelquefois, malgré cela, que nous pouvons étendre notre bonheur au-delà des limites de notre patrie : mais l'embarras de s'exprimer, le manque de connoiſſances, le défaut de liaiſons, la différence qui ſe trouve dans l'éducation, les mœurs, les coutumes, tout cela forme tant de difficultés, nous trouvons tant d'obſtacles à communiquer nos ſenſations hors de notre propre ſphere, qu'il eſt preſque impoſſible de les ſurmonter.

Il s'enſuit de là que la balance du commerce *ſentimental* eſt toujours contre celui qui ſort de chez lui. Les gens qu'il rencontre lui font acheter au prix qu'ils veulent, les choſes dont il n'a guere beſoin ; ils prennent rarement ſa converſation en échange pour la leur, ſans qu'il y perde. . .

Et

Et il eſt forcé de changer ſouvent de correſpondans pour tâcher d'en trouver de plus équitables. On devine aiſément tout ce qu'il a à ſouffrir.

Cela me conduit à mon ſujet, &, ſi le mouvement que je fais faire à la déſobligeante me permet d'écrire, je vais développer les cauſes qui excitent à voyager.

Les gens oiſifs qui quittent leur pays natal pour aller chez les étrangers, ont leurs raiſons : elles viennent de l'une ou de l'autre de ces trois cauſes générales :

Infirmités du corps,
Foibleſſe d'eſprit,
Néceſſité inévitable.

Les deux premieres cauſes renferment ceux que l'orgueil, la curioſité, la vanité, une humeur ſombre, excitent à s'expatrier ; & cela peut être combiné & ſubdiviſé à l'infini.

La troiſieme claſſe offre une armée de pèlerins ou plutôt de martyrs. C'eſt ainſi que voyagent, fur l'obédience d'un fupérieur, les moines de toutes les couleurs; c'eft ainfi que les coupables vont chercher le châtiment de leurs crimes; & vous, heureux enfans de famille, aimables libertins, n'eft-ce pas auffi de cette maniere que vous faites des voyages auxquels vous êtes forcés par des parens barbares, qui s'érigent en perturbateurs de vos plaifirs?

Mais qu'ai-je fait? .... Réparons promptement cette faute. J'ai oublié une autre claffe. On ne peut, dans un ouvrage de la nature de celui-ci, obferver trop de délicateffe & de précifion pour ne point confondre les caracteres. Les hommes dont je veux parler ici, font ceux qui traverfent les mers & féjournent chez les étrangers, dans l'idée ou d'y faire fortune, ou de dépenfer moins que chez eux: l'imagination la plus vive ne pourroit fe retracer la variété de leurs prétextes. Peut-être s'épargneroient-ils beaucoup de peine inutile en reftant dans leur pays.... Mais cette réflexion n'empêche pas leurs effaims nomſbreux de ſe répandre; & comme leurs raiſons de voyager ne ſont pas auſſi uniformes que celles des autres voyageurs, je les diſtinguerai ſeulement ſous le titre de ſimples voyageurs.

Et voici comme je diviſe le cercle entier des voyageurs.

Voyageurs oiſifs,
Voyageurs curieux,
Voyageurs menteurs,
Voyageurs orgueilleux,
Voyageurs vains,
Voyageurs ſombres.

Viennent enſuite:

Les voyageurs contraints, les moines, les bandits, &c.

Les voyageurs innocens & infortunés.

Les voyageurs ſimples.

Enfin, s'il vous plaît, le voyageur *ſentimental*, ou moi-même qui ai auſſi voyagé... Je vais rendre compte de mes voyages; & si l'on me demande pourquoi je les ai faits, je n'ai rien de caché pour vous, mon cher lecteur. Je les ai faits par nécessité & par le besoin que j'avois de voyager autant que tout autre.

Je sais que mes observations sont d'une tournure différente de celles des écrivains qui m'ont précédé, & que j'aurois, peut-être, pu exiger pour moi seul une niche à part; mais en voulant attirer l'attention sur moi, ce seroit empiéter sur les droits du voyageur vain, & j'abandonne cette prétention jusqu'à ce qu'elle soit mieux fondée que sur l'unique nouveauté de ma voiture.

Mon lecteur se placera lui-même comme il voudra dans le catalogue. Il ne lui faut, s'il a voyagé, que peu d'étude & de réflexion, pour se mettre dans le rang qui lui convient. Ce sera toujours un pas qu'il aura fait pour se connoître; & je parierois, malgré ses voyages, qu'il s'appercevra qu'il a conservé quelque teinture de ce qu'il étoit avant qu'il les commençât.

L'homme qui, le premier, transplanta

des ceps de vignes de Bourgogne au cap de Bonne-Espérance, ne s'imagina pas, sans doute, quoique Hollandois, qu'il boiroit au Cap du même vin que ces ceps de vignes auroient produit sur les côteaux de Baune & de Pomar... Il étoit trop phlegmatique pour s'attendre à pareille chose; mais il étoit, au moins, dans l'idée qu'il boiroit une espece de liqueur vineuse, bonne, médiocre, ou tout-à-fait mauvaise. Il savoit que cela ne dépendoit pas de son choix, & que ce qu'on appelle hasard, devoit décider du succès. Cependant il en espéroit la meilleure réussite: mais Vanmynher, par une confiance trop présomptueuse dans la force de sa tête & dans la profondeur de sa discrétion, auroit bien pu voir renverser l'une & l'autre par les fruits de son nouveau vignoble, & devenir la risée du peuple. Il n'auroit pas été le premier cultivateur des côteaux, qui, pour prix de ses soins, eût montré sa nudité.

Il en est de même d'un pauvre voyageur

qui se hisse dans un vaisseau, ou qui court la poste à travers les royaumes les plus policés du globe pour s'avancer dans la recherche des connoissances & des perfections.

On peut en acquérir en courant les mers & la poste dans cette vue : mais c'est mettre à la loterie. En supposant qu'on obtienne ainsi des connoissances utiles & des perfections réelles, il faut encore savoir se servir de ce fond acquis, avec précaution & avec économie, pour le faire tourner à profit. Malheureusement les chances vont ordinairement au revers & pour l'acquisition & pour l'application. Cela me fait croire qu'un homme pourroit vivre tout aussi content dans son pays sans connoissances & sans perfections étrangeres, surtout si on n'y avoit pas absolument besoin des unes & des autres. Je tombe en défaillance, quand j'observe tous les pas que fait un voyageur curieux pour jeter les yeux sur des spectacles & des découvertes qu'il auroit pu voir chez lui. Eh! pourquoi tant de peines & de fatigues, disent en duo, Dom Quichotte & Sancho-Pança ? Le siecle est si éclairé, qu'à peine il y a quelque pays ou quelque coin dans l'Europe, dont les rayons ne soient pas traversés ou échangés réciproquement avec d'autres. Les rameaux divers des connoissances ressemblent à la musique dans les rues des villes d'Italie; on participe *gratis* à ses agrémens. Mais il n'y a pas de nation sous le ciel; & Dieu, à qui je rendrai compte un jour de cet ouvrage, Dieu est témoin que je parle sans ostentation; il n'y a pas, dis-je, une nation sous le ciel qui soit plus féconde dans les genres variés de la littérature... où l'on fête plus les sciences... où l'on puisse les acquérir avec plus de sûreté... où les arts soient plus encouragés & plutôt portés à leur perfection... où la nature soit plus approfondie... où le génie soit mieux soutenu par la variété des esprits & des caracteres... Où allez-vous donc, mes chers compatriotes?

Nous! dirent-ils, nous ne faisons que

regarder cette chaiſe. Votre très-humble ſerviteur, leur dis-je, en ſautant dehors, & en ôtant mon chapeau. L'un d'eux, qui étoit un voyageur curieux, me dit qu'ils avoient envie de ſavoir d'où venoit ce mouvement qu'ils avoient remarqué dans la chaiſe... C'étoit, comme vous voyez, l'agitation d'un homme qui écrivoit une préface... Je n'ai jamais entendu parler, dit l'autre, qui étoit un voyageur ſimple, d'une préface écrite dans une *déſobligeante*... Elle auroit, peut-être, été plus chaudement faite, lui dis-je, dans un vis-à-vis....

Mais un Anglois ne voyage pas pour voir des Anglois... Je me retirai dans ma chambre.

CHAPITRE VIII.

Un prêté pour un rendu.

JE marchois dans le long corridor. Il me sembloit qu'une ombre plus épaisse que la mienne en obscurcissoit le passage. C'étoit effectivement M. Dessein qui, étant revenu de vêpres, me suivoit complaisamment, le chapeau sous le bras, pour me faire souvenir que je l'avois demandé. La préface que je venois de faire dans la désobligeante m'avoit dégoûté de cette espece de voiture, & M. Dessein ne m'en parla que par un haussement d'épaules, qui vouloit dire qu'elle ne me convenoit pas. Je jugeai aussi-tôt qu'elle appartenoit à quelque voyageur idiot, qui l'avoit laissée à la probité de M. Dessein, pour en tirer ce qu'il pourroit. Il y avoit quatre mois qu'elle étoit dans le coin de la cour. C'étoit le point marqué, où, après avoir fait son tour d'Europe, elle avoit dû revenir. Lorsqu'elle en partit, elle n'avoit pu sortir de la cour sans la raccommoder; elle s'étoit depuis brisée deux fois sur le Mont-Cenis. Toutes ces aventures ne l'avoient pas améliorée, & son repos oisif dans le coin de la cour de M. Dessein, ne lui avoit pas été favorable; mais encore valoit-elle quelque chose.... Peut-être étoit-elle à quelque personne brouillée avec la fortune.... Et quand quelques paroles peuvent soulager la misere, je déteste l'homme qui en est avare....

Je dis à M. Dessein, en appuyant le bout de mes doigts sur sa poitrine : en vérité, si j'étois à votre place, je me piquerois d'honneur pour me défaire de cette désobligeante. Elle doit vous faire des reproches toutes les fois que vous en approchez.

Mon Dieu! Monsieur, dit M. Dessein, je n'y ai aucun intérêt... Excepté, dis-je, l'intérêt que des hommes d'une certaine tournure d'esprit, M. Dessein, prennent dans leurs propres sensations.... Je suis persuadé qu'un homme qui sent pour les autres aussi bien que pour lui-même... Mais, M. Dessein, je vous connois aussi bien que si je vous avois vu toute ma vie... Vous vous déguisez inutilement; je suis persuadé que chaque nuit pluvieuse vous fait de la peine... Vous souffrez autant que la machine...

J'ai toujours observé, lorsqu'il y a de l'*aigre-doux* dans un compliment, qu'un Anglois est en doute s'il se fâchera ou non. Un François n'est jamais embarrassé: M. Dessein me salua...

Ce que vous dites est bien vrai, Monsieur, dit-il; mais je ne ferois dans ce cas-là que changer d'inquiétude & avec perte. Figurez-vous, je vous prie, mon cher Monsieur, si je vous vendois une voiture qui tombât en lambeaux avant d'être à la moitié du chemin, figurez-vous ce que j'aurois à souffrir de la mauvaise opinion que j'aurois donnée de moi à un homme d'honneur, & de m'y être exposé vis-à-vis d'un *homme d'esprit*.

La dose étoit exactement pesée au poids que j'avois prescrit. Il fallut que je la prisse.. Je rendis à M. Dessein son salut, & sans parler davantage de cas de conscience, nous marchâmes vers sa remise pour voir son magasin de chaises.

CHAPITRE IX.

Dans la rue à Calais.

LE globe que nous habitons, est apparemment une espece de monde querelleur. Comment, sans cela, l'acheteur d'une aussi petite chose qu'une mauvaise chaise de poste pourroit-il sortir dans la rue avec celui qui veut la vendre dans des dispositions pareilles à celles où j'étois? Il ne devoit tout au plus être question que d'en régler le prix, & je me trouvois dans la même position d'esprit; je regardois mon marchand de chaises avec les mêmes yeux de colere, que si j'avois été en chemin pour aller au coin de *Hyde-Parc* me battre en duel avec lui. Je ne ſavois pas trop bien manier l'épée, & je ne me croyois pas capable de meſurer la mienne avec celle de M. Deſſein... Mais cela n'empêchoit pas que je ne ſentiſſe en moi les mouvemens dont on eſt agité dans cette eſpece de ſituation... Je regardois M. Deſſein avec des yeux perçans... Je les jetois ſur lui en profil... enſuite en face... Il me ſembloit un Juif... un Turc... Sa perruque me déplaiſoit... J'implorois tous mes dieux pour qu'ils le maudiſſent... Je le ſouhaitois à tous les diables...

Le cœur doit-il donc être en proie à toutes ces émotions pour une bagatelle? Qu'eſt-ce que c'eſt que trois ou quatre louis qu'il peut me faire payer de trop?... Paſſion baſſe! me dis-je en me retournant avec la précipitation naturelle d'un homme qui change ſubitement de façon de penſer... Paſſion baſſe, vile!... Tu fais la guerre aux humains: ils devroient être en garde contre toi... Dieu m'en préſerve, s'écria-t-elle, en mettant la main ſur ſon front... Et je vis, en me retournant, la dame que le moine avoit abordée dans la cour... Elle nous avoit ſuivis ſans que nous nous en fuſſions apperçus. Dieu vous conſerve! lui dis-je, en lui offrant mon bras... Elle avoit des gans de ſoie noire qui étoient ouverts au bout des pouces & des doigts... Elle accepta mon bras ſans façon, & je la conduiſis à la porte de la remiſe.

M. Deſſein dit plus de cinquante fois: le diable emporte les clefs!.. Il ne trouvoit pas la bonne. Nous étions auſſi impatiens que lui, de voir cette porte ouverte; & nous étions ſi attentifs à l'obſtacle, que je pris la main de la dame ſans preſque m'en appercevoir. La clef ne ſe trouvant point, M. Deſſein nous laiſſa enſemble, la main de la dame dans la mienne, & le viſage tourné vers la porte de la remiſe; en nous diſant qu'il ſeroit de retour dans cinq ou ſix minutes.

Un colloque de cinq ou ſix minutes,

dans une pareille ſituation, fait plus d'effet que s'il duroit cinq ou ſix ſiecles le viſage tourné vers la rue. Ce que l'on ſe dit, dans ce dernier cas, ne vient ordinairement qne des accidens qui arrivent au dehors... Mais, quand les yeux ne ſont point diſtraits, & qu'ils ſe portent ſur un point fixe, le ſujet du dialogue ne vient uniquement que de nous-mêmes... Je ſentis l'importance de la ſituation... Un moment de ſilence après le départ de M. Deſſein y eût été fatal... La dame ſe ſeroit infailliblement retournée... Je commençai la converſation ſur le champ.

Je n'écris pas pour excuſer les foibleſſes de mon cœur... Un voyageur doit être fidele dans ſes récits... Je vais donc décrire toutes les tentations que j'éprouvai dans cette occaſion... On me dira peut-être que je les décris avec trop de ſimplicité... Pourquoi mettrois-je du fard à ce qui n'en a point eu?

CHAPITRE X.

La porte de la remiſe à Calais.

J'AI dit que je ne voulois pas ſortir de la déſobligeante, parce que je voyois le moine en conférence avec une dame qui venoit d'arriver, & j'ai dit le vrai... Cependant je n'ai pas dit tout le vrai. L'air, la figure de la dame me retenoient autant que lui. Je ſoupçonnois qu'il lui rendoit compte de ce qui s'étoit paſſé entre nous... Cela m'humilioit... J'aurois ſouhaité que le moîne eût été dans ſon couvent.

Lorſque le cœur devance le jugement, il épargne au jugement bien des peines... Le mien m'aſſura qu'elle étoit d'une beauté d'ange... La beauté mérite qu'on y faſſe attention... Mais un objet fait oublier l'autre... Je tirai le rideau de taffetas; j'écrivis ma préface; & la dame & ſa beauté s'évanouirent. Je ne ſongeai plus à elle.

Mais l'impreſſion qu'elle avoit faite ſur

moi, revint aussi-tôt que je la rencontrai dans la rue. L'air franc, & en même tems réservé, avec lequel elle me donna le bras, me parut une preuve d'éducation & de bon sens. Je sentois, en la conduisant, je ne sais quelle douceur autour d'elle, qui répandoit la tranquillité dans tous mes esprits.

Bon Dieu! me disois-je, avec quel plaisir on meneroit une pareille créature avec soi autour du monde!

Je n'avois pas encore vu son visage... Mais qu'importe? Son portrait étoit achevé avant d'arriver à la remise. L'imagination m'avoit peint toute sa tête, & se plaisoit à me faire croire qu'elle étoit aussi-bien une déesse, que si je l'eusse retirée du fond du Tybre... O magicienne! tu es séduite, & tu n'es toi-même qu'une friponne séduisante... Tu nous trompes sept fois par jour avec tes images riantes... Cependant tu les fais avec tant de graces; ils sont si charmans.... Tes peintures sont si brillantes, qu'on a du regret de rompre avec toi.

Lorsque nous fûmes près de la porte de la remise, elle ôta sa main de devant son visage & se laissa voir... C'étoit une figure à-peu-près de vingt-six ans... Une brune claire, piquante, sans rouge, sans poudre, & accommodée le plus simplement. A l'examiner en détail, ce n'étoit pas une beauté, mais ses attraits, dans la situation d'esprit où je me trouvois, m'attachoient plus qu'une beauté éblouissante... Sa physionomie intéressoit... Elle avoit l'air d'une veuve qui avoit surmonté les fortes impressions de la douleur, & qui commençoit à se réconcilier avec sa perte : mais mille autres revers de la fortune avoient pu tracer les mêmes lignes sur son visage... J'aurois voulu savoir ses malheurs... Et si le ton qui régnoit dans les conversations du tems d'Esdras eût été à la mode en celui-ci, je lui aurois dit : qu'avez-vous? Pourquoi cet air inquiet? Qu'est-ce qui vous chagrine? D'où vous vient ce trouble d'esprit?... En un mot, je me sentis de la bienveillance pour elle,

& je pris la résolution de lui faire *ma cour* d'une maniere ou d'autre... Enfin, de lui offrir mes services.

Voilà de quoi je fus tenté, & j'étois disposé à céder à mes tentations, & à les satisfaire.. Qu'on juge où cela pouvoit me conduire! Nous étions seuls; elle avoit sa main dans la mienne, & nous avions le visage tourné vers la remise, & beaucoup plus près de la porte que la nécessité ne l'exigeoit.

CHAPITRE XI.

Tout se passe en conversation.

BELLE dame, lui dis-je, en élevant légerement sa main, voici un de ces évenemens qu'amene la capricieuse fortune. Nous sommes probablement de différens coins du globe; nous ne nous sommes jamais vus, & elle nous place d'abord ensemble d'une maniere si cordiale, que l'a-

mitié en pourroit à peine faire autant après un mois de la liaison la plus intime!...
„ Et votre réflexion, sur ce point, Mon-
„ sieur, fait voir combien l'aventure vous
„ a embarrassé!..."

Je sentis tout mon idiotisme. A quel propos, en effet, parler des circonstances d'une situation où l'on se trouve, quand elle est telle qu'on l'a souhaitée? Vous remerciez la fortune, continua-t-elle; vous avez raison... Le cœur le savoit, & le cœur étoit content. Il n'y avoit qu'un philosophe anglois qui pût en avertir une cruelle, afin de lui faire changer de maniere de penser...

En disant cela, elle dégagea sa main avec un coup-d'œil qui me parut un commentaire suffisant sur le texte.

Je l'avoue. J'éprouvai une peine qu'une cause, peut-être, plus digne, ne m'auroit pas fait ressentir... La perte de sa main me mortifioit, & la maniere dont je l'avois perdue ne portoit point de baume sur la blessure... Je sentis alors, plus que je n'ai jamais fait de ma vie, le désagrément que cause une sotte infériorité.

Mais de pareilles victoires ne donnent qu'un triomphe momentané. Un cœur vraiment féminin n'en jouit pas long-tems. Cinq ou six secondes changerent la scene : elle ne m'avoit pas tout dit : elle appuya sa main sur mon bras pour achever, & je me remis, sans savoir comment, dans ma premiere situation...

J'attendois qu'elle me parlât... Elle n'avoit rien à ajouter.

Je donnai alors une autre tournure à la conversation. La morale & l'esprit de la sienne m'avoient fait voir que je n'avois pas bien saisi son caractere. Elle tourna son visage vers moi, & je m'apperçus que le feu qui l'avoit coloré pendant qu'elle me parloit, s'étoit évanoui... Ses muscles s'étoient relâchés, & je revis ce même air de peine qui m'avoit d'abord intéressé en sa faveur. Qu'il étoit triste de voir cet esprit fin & délicat en proie à la douleur ! Je la plaignis de toute mon ame. Ce que je vais dire va, peut-être, paroître ridicule à un cœur insensible... Mais, en vérité, j'aurois pu en ce moment la prendre & la ſerrer dans mes bras, quoique dans la rue, ſans en rougir.

Mes doigts ſerroient les ſiens, & le battement de mes arteres qui s'y faiſoit ſentir, lui apprit ce qui ſe paſſoit en moi.... Elle baiſſa les yeux... Un moment de ſilence s'enſuivit.

Je craignis d'avoir fait dans cet intervale quelques légers efforts pour ſerrer davantage ſa main; car j'éprouvai une ſenſation plus ſubtile dans la mienne... Ce n'eſt pas qu'elle voulût la retirer... Non... Mais la penſée auroit pu lui en venir, & je l'aurois infailliblement perdue une ſeconde fois, ſi l'inſtinct, plus que la raiſon, ne m'eût ſuggeré fort à propos une derniere reſſource dans ces ſortes de périls... Je tins alors ſa main ſi légerement, qu'il ſembloit que j'étois ſur le point de lui rendre ſa liberté de mon propre gré; c'eſt ainſi qu'elle me la laiſſa. Elle étoit encore dans la mienne, lorſque je vis M. Deſſein qui revenoit avec les clefs. Je tombai alors dans une inquiétude terrible. L'idée du moine me revint, & je craignois qu'il n'eût donné de moi de mauvaises impressions à la dame, en lui contant mon histoire: j'étois fort embarrassé de savoir comment je les effacerois.

CHAPITRE XII.

La tabatiere à Calais.

On ne parle pas si-tôt d'un loup, dit-on, que... Il faut qu'il en soit de même quand on ne fait seulement qu'y penser; & il faut, apparemment aussi, que ce proverbe s'applique à d'autres êtres qu'aux loups...

Le bon vieillard de moine étoit effectivement à quatre pas de nous, lorsque je me rappellai ce qui s'étoit passé entre lui & moi... Il avançoit d'un pas timide, dans la crainte, sans doute, de se rendre importun... Il approche enfin d'un air libre... Il avoit sa tabatiere à la main, & il me la présenta ouverte avec beaucoup de franchise. — Vous goûterez de mon tabac, lui dis-je, en tirant de ma poche une petite tabatiere d'écaille que je mis dans sa main... Il est excellent, dit-il. Hé bien! lui dis-je, faites-moi donc la grace de garder le tabac & la tabatiere... Je vous prie, lorsque vous en prendrez une prise, de vous souvenir que c'est l'offrande de paix d'un homme qui vous a traité brusquement... Mais qui ne vous vouloit point de mal.

Le pauvre moine devint rouge comme de l'écarlate... Mon Dieu! dit-il, en serrant ses mains l'une contre l'autre, vous n'avez jamais été brusque à mon égard...

Oh! pour cela, dit la dame, je crois qu'il en est incapable...

Je rougis à mon tour... Et quelle en fut la cause? Je le laisse à deviner à ceux qui ont du sentiment.

Pardonnez-moi, madame, je l'ai traité rudement & sans sujet...

Cela

Cela est impossible, dit-elle... Oui : s'écria le moine avec une vivacité qui lui paroissoit étrangere... Ç'a été ma faute & l'indiscrétion de mon zele... La dame dit que cela ne pouvoit pas être, & je m'unis à elle pour soutenir qu'il étoit impossible qu'un homme aussi honnête que lui pût offenser qui que ce soit.

J'ignorois avant ce moment qu'une dispute pût causer une irritation aussi douce & aussi agréable dans toutes les parties sensitives de notre existence. Nous restâmes dans le silence... Et nous y restâmes sans éprouver cette peine ridicule que l'on ressent, pour l'ordinaire, dans une compagnie où l'on s'entre-regarde dix minutes sans dire moi...

Le moine, pendant cet intervalle, frottoit une tabatiere de corne sur la manche de son froc... Dès qu'il lui eût donné un peu de lustre, il fit une profonde inclination, & me dit qu'il ne savoit pas si c'étoit la foiblesse ou la bonté de nos cœurs qui nous avoit engagés dans cette contestation... Quoi qu'il en ſoit, monſieur, je vous prie de faire une échange de boëtes... Il me préſenta la ſienne d'un air gai, baiſa la mienne, la mit dans ſon ſein... & s'en alla ſans rien dire...

Ah!... Je conſerve ſa boëte... Elle vient au ſecours de ma religion, pour aider mon eſprit à s'élever au-deſſus des choſes terreſtres... Je la porte toujours ſur moi... Elle me fait ſouvenir de la douceur & de la modération de celui qui la poſſédoit, & je tâche de le prendre pour modele dans tous les embarras de ce monde. Il en avoit eſſuyé beaucoup. Son hiſtoire, qu'on m'a racontée depuis, étoit un tiſſu de peines & de déſagrémens. Il les avoit ſupportés juſqu'à l'âge de quarante-cinq ans. Mais, alors, accablé par le chagrin qu'il reſſentit des ingratitudes qu'il eſſuya, & par les revers qui lui étoient arrivés dans une tendre paſſion, il abandonna & le monde & le beau ſexe, & ſe retira dans le ſanctuaire, ou plutôt en lui-même.

Je ſens un poids ſur mes eſprits, lorſque

je songe qu'en repassant par Calais, on me dit que le P. Laurent étoit mort depuis quelques mois. Il étoit enterré dans un petit cimetiere à deux lieues de la ville... Je voulus aller visiter son tombeau... Assis près de sa tombe... tirant de ma poche sa petite boëte de corne... & arrachant quelques orties qui n'avoient que faire de croître dans ce lieu sacré... Toute cette scene frappa tellement mes sens que je versai un torrent de larmes... Quelle foiblesse? Hé oui!.. Je suis aussi foible qu'une femme... Je prie, cependant, mes lecteurs de me plaindre plutôt que de rire de ma tendresse pour le P. Laurent.

CHAPITRE XIII.

Victoire.

JE n'avois point encore lâché la main de la dame... Il eût même été peu décent, selon moi, de la lâcher sans la baiser, & je m'y hasardai... O ciel! quel étrange effet! Que la nature a de nuances délicates, pour animer la beauté modeste!...

Les deux voyageurs qui m'avoient parlé dans la cour, vinrent à passer dans ce moment critique, & s'imaginerent, pour le moins, que nous étions le mari & la femme. Le voyageur curieux s'approcha, & nous demanda si nous partions pour Paris le lendemain matin.. Je lui dis que je ne pouvois répondre que pour moi-même... La dame ajouta qu'elle alloit à Amiens. Nous y dînâmes hier, dit le voyageur simple. Vous traverserez cette ville, me dit l'autre, en allant à Paris. J'allois lui faire mille remerciemens de m'avoir appris qu'Amiens étoit sur la route... Mais je tirai de ma poche la petite boëte de corne de mon pauvre moine, pour prendre une prise de tabac... Je les saluai d'un air tranquille, & leur souhaitai un bon passage à Douvres... Ils nous laisserent seuls...

Mais, me dis-je à moi-même, quel mal y auroit-il que j'offrisse à cette dame affligée la moitié de ma chaiſe?.. Quel grand malheur pourroit-il s'enſuivre?.. Quel malheur? s'écrierent en foule toutes les paſſions baſſes qui ſe réveillerent en moi.. Ne voyez-vous pas, diſoit l'avarice, que cela vous obligera de prendre un troiſieme cheval, & qu'il vous en coûtera vingt francs de plus?

Vous ne ſavez pas qui elle eſt, diſoit la précaution... Ni les embarras que cette affaire peut vous cauſer, diſoit la lâcheté à mon oreille.

Vous pouvez compter, Yorick, ajoutoit la diſcrétion, que l'on dira que c'eſt votre maitreſſe, & que Calais a été le lieu de votre rendez-vous.

Comment pourrez-vous après cela, s'écria l'hypocriſie, montrer votre viſage en public?... Et vous élever, diſoit la puſillanimité, dans l'égliſe?... Au-delà d'un ſimple canonicat?... ajoutoit l'orgueil.

Mais... Répondois-je à tout cela, c'eſt une honnêteté... Je n'agis guere que par ma premiere impreſſion, & j'écoute ſur-tout fort peu les raiſonnemens qui contribuent à endurcir le cœur... Je me retournai précipitamment vers la dame...

Elle n'étoit déja plus là... Elle étoit partie, ſans que je m'en apperçuſſe, pendant que cette cauſe ſe plaidoit, & avant que je l'euſſe gagnée, elle avoit déja fait douze ou quinze pas dans la rue. Je courus à elle pour lui faire ma propoſition le mieux qu'il me feroit poſſible... Mais elle marchoit la joue appuyée ſur ſa main, les yeux fixés en terre, & du pas lent & meſuré d'une perſonne qui penſe... J'en fus frappé, & je m'arrêtai. Elle ſe fait apparemment le même procès que je me ſuis fait, me dis-je. Que le ciel vienne à ſon ſecours! Elle a probablement quelque marâtre entichée de pruderie, quelque tante hypocrite, quelque vieille femme ignorante à conſulter ſur ce pas gliſſant... Et elle s'aviſe comme je me ſuis aviſé... Gardons-nous, me dis-je, de l'interrompre & de la prendre par ſurpriſe... Je m'en retournai doucement en arriere, & fis deux ou trois tours devant la porte de la remise.

CHAPITRE XIV.

Découverte.

LA premiere fois que je l'avois vue, l'imagination m'avoit prêté ses yeux : je l'avois trouvée charmante. L'imagination inspire aussi de la confiance, & je crus facilement qu'elle étoit au rang des êtres les plus aimables... Je me figurai ensuite qu'elle étoit veuve & dans l'affliction... & je m'arrêtai à toutes ces idées. Cette situation me plaisoit... Elle seroit restée avec moi jusqu'à minuit, que je m'en serois tenu à ce systême; c'est ainsi que je l'aurois toujours considérée.

Mais le moment, peut-être, de nous séparer n'étoit pas éloigné, & elle n'avoit pas fait vingt pas, que je desirai de savoir plus de particularités. L'idée d'une plus grande séparation vint me saisir & m'alarmer... Il pouvoit se faire que je ne la reverrois plus... Le cœur veut épargner autant qu'il peut, &, dans ce malheur, je voulois, au moins, des traces sur lesquelles mes souhaits pourroient la rejoindre, si je ne la voyois plus moi-même. En un mot, je voulois savoir son nom... le nom de sa famille, son état... Je savois l'endroit où elle alloit... Je voulois savoir encore d'où elle venoit. Mais comment parvenir à toutes ces connoissances? Cent petites délicatesses s'y opposoient. Je formai vingt plans différens... Je ne pouvois pas lui faire des questions directes... La chose, du moins, me paroissoit impossible.

Un petit officier François, de fort bon air, qui venoit en dansant au bruit d'une ariette qu'il fredonnoit, me fit voir que ce qui me sembloit si difficile, étoit la chose du monde la plus aisée. Il se trouva entre la dame & moi au moment qu'elle revenoit à la porte de la remise... Il m'aborda, & à peine m'avoit-il parlé, qu'il me pria de lui faire l'honneur de le présenter à la dame... Je n'avois pas été présenté moi-même... Il se présenta sans moi. Vous venez de Paris, apparemment, lui dit-il, madame? Non: mais je vais, dit-elle, prendre cette route. Vous n'êtes pas de Londres? Elle répondit que non. Ah! madame vient de Flandres? apparemment vous êtes Flamande? La dame répondit oui... De Lille, peut-être?.. Non... Ni d'Arras? ni de Cambrai? ni de Gand? ni de Valenciennes? ni de Brüxelles?... La dame dit qu'elle étoit de Bruxelles.

Oh! oh! J'ai eu l'honneur d'assister au bombardement de cette ville. Il y faisoit chaud... Il faut l'avouer, cette place étoit admirablement bien située pour cela... Je m'en souviens; elle étoit remplie de noblesse, quand les Impériaux en furent chassés par les François... La dame lui fit une légere inclination de la tête... Il lui raconta la part qu'il avoit eue au succès de cette affaire... la pria de lui faire l'honneur de lui dire son nom... Et madame, ſans doute, a ſon mari, dit-il, en regardant par deſſus ſon épaule, & faiſant deux pas en arriere ?... Je vous joins, s'écria-t-il... Et, ſans attendre de réponſe, il s'en alla, en ſautant, joindre ſes camarades.

Je le conſidérai avec des yeux attentifs... Apparemment, me dis-je d'un ton de reproche, que je n'ai pas aſſez médité les importantes leçons de la *civilité* qu'on a miſes dans les mains de mon enfance ; car je n'en pourrois pas faire autant.

CHAPITRE XV.

Un autre en profiteroit.

MONSIEUR Deſſein s'étoit arrêté à cauſer à quelque diſtance, & il arriva avec la clef de la remiſe à la main, & nous ouvrit les grands battans de ſon magaſin de chaiſes.

Le premier objet qui me donna dans l'œil fut une autre guenille de déſobligeante, le vrai portrait de celle qui m'avoit plû une heure auparavant, mais qui, depuis, avoit excité en moi une sensation si désagréable... Il me sembloit qu'il n'y avoit qu'un rustre, un homme insociable qui eût pu imaginer une telle machine, & je pensois à-peu-près de même de ceux qui s'en servoient.

J'observai qu'elle causoit autant de répugnance à la dame qu'à moi... M. Dessein s'en apperçut, & il nous mena vers deux chaises qui devinrent tout de suite l'objet de ses éloges. Mylord B... dit-il, les avoit achetées pour faire un grand tour... Mais elles n'ont pas été plus loin que Paris... Cela vaut du neuf... M. Dessein, elles sont trop bonnes... & je passai à une autre qui étoit derniere, & qui me parut me convenir... J'entrai, sur le champ, en négociation du prix... Cependant, dis-je, en ouvrant la portiere & en montant dedans, il me semble qu'on auroit bien de la peine à y tenir deux... Ayez la bonté, madame, dit M. Dessein en lui offrant son bras, d'y monter auſſi... La dame héſita une demi-ſeconde... & s'y plaça... Et M. Deſſein, à qui un domeſtique faiſoit ſigne qu'il vouloit lui parler, ferma, par inadvertance, ſans doute, la portiere ſur nous & nous laiſſa.

CHAPITRE XVI.

Aveu.

Voilà qui eſt plaiſant, dit la dame en ſouriant. C'eſt la ſeconde fois que, par des haſards fort indifférens, on nous laiſſe enſemble : *cela eſt comique.*

Il ne manque, du moins, pour le rendre tel, lui dis-je, que l'uſage *comique* que la galanterie françoiſe voudroit faire de cette aventure... Faire l'amour dans le premier moment... Offrir ſa perſonne au ſecond...

C'eſt là leur fort, répondit la dame.

On le ſuppoſe, au moins... Et je ne

ſais trop comment cela arrive... Mais ils ont acquis la réputation de mieux faire l'amour que tous les autres hommes... Reſte à ſavoir s'ils ont plus d'aptitude à ſaiſir le moment favorable... Pour moi je les crois très-mal adroits... & qu'ils exercent plus que d'autres la patience de Cupidon...

Quoi! Vous croiriez qu'ils ſongent à faire l'amour par ſentiment!

C'eſt comme ſi je prétendois qu'on pourroit faire un bel habit avec des morceaux de reſte & de toutes couleurs... Ou qu'on peut faire réellement l'amour tout d'un coup & à la premiere rencontre, en diſant ſeulement qu'on le fait... Ils ne font tout au plus que propoſer & la choſe & eux-mêmes, avec le pour & le contre à l'examen d'un eſprit ſolide & qui n'eſt point animé...

La dame m'écoutoit comme ſi elle s'attendoit à quelque choſe de plus...

Conſidérez donc, madame, lui dis-je, en poſant ma main ſur la ſienne...

Que les perſonnes graves déteſtent l'amour à cauſe du nom.

Les intéreſſées le haïſſent, parce qu'elles donnent la préférence à autre choſe.

Les hypocrites paroiſſent l'avoir en horreur, en feignant de n'aſpirer qu'aux choſes céleſtes.

Le vrai de tout cela, c'eſt que nous ſommes beaucoup plus effrayés que bleſſés par cette paſſion. . . Un homme qui ne prononceroit le mot d'amour qu'après une heure ou deux de ſilence, paroîtroit tout-à-fait extraordinaire. . . Ah! Quel homme! qu'il eſt gauche! Cependant, admirez ma ſimplicité! . . . Il me ſemble qu'une ſuite de petites attentions tranquilles. . . qui ſe montreroient de façon à ne pas allarmer, & ne ſeroient pourtant pas aſſez vagues pour être mépriſées, un tendre regard de tems en tems, mais peu, ou même point du tout de diſcours à ce ſujet. . . Il me ſemble. . . Oui, la nature s'en mêleroit & façonneroit tout cela comme elle l'entend. . .

Hé bien ! dit la dame, en rougissant, je crois que vous n'avez point cessé de me faire l'amour depuis que nous sommes ensemble...

CHAPITRE XVII.

Le malheur & le bonheur.

Le retour de M. Dessein marqua le malheur. Il ouvrit la portiere, & dit à la dame que M. le comte de L. son frere venoit d'arriver... Je souhaitois certainement tout le bien possible à la belle : mais j'avouerai que cet événement attrista mon cœur. Je ne lui cachai pas la peine qu'il me faisoit... En vérité, madame, il est fatal à une proposition que j'allois vous faire... Je...

Il est inutile, dit-elle, en m'interrompant & en mettant une de ses mains sur les deux miennes, de m'expliquer votre projet. Il est rare, mon bon monsieur, qu'un homme ait quelque proposition à faire à une femme sans qu'elle en ait le pressentiment...

Oui, la nature, dis-je, l'arme de ce pressentiment pour la garantir du piege...

Mais, dit-elle, en me fixant, est-ce que j'aurois eu quelque chose à craindre? Je ne puis le croire, &, à vous parler franchement, j'étois déterminée à accepter votre proposition, si vous me l'eussiez faite... Elle se tut un moment... Je suis persuadé, reprit-elle, que vous m'auriez disposée à vous raconter une histoire qui, de tout ce qui auroit pu nous arriver dans le voyage, auroit rendu la compassion la chose la plus dangereuse...

Et me disant cela, elle me tendit la main... Je la baisai deux fois, & elle descendit de la chaise en me disant adieu avec un regard mêlé de sensibilité & de douceur.

CHAPITRE XVIII.

La maniere de voir.

ELLE ne m'eût pas sitôt quitté que je commençai à m'ennuyer. Je sentis que les momens étoient plus longs, & je n'ai, peut-être, jamais fait un marché de douze guinées aussi promptement dans toute ma vie que celui de ma chaise. Je donnai ordre qu'on m'amenât des chevaux de poste, & je dirigeai mes pas vers l'hôtellerie.

Ciel! dis-je, en entendant cinq heures sonner, & en faisant réflexion qu'il n'y avoit que deux heures que j'étois à Calais, quel volume d'aventures cet instant si court ne pourroit-il pas produire? Quel sujet pour un homme qui s'intéresse à tout, & ne laisse rien échapper de ce que le tems & le hasard lui présentent continuellement!

Je ne sais si cet ouvrage aura jamais

quelque utilité. Peut-être qu'un autre réussira mieux. Mais qu'importe? C'est un essai que je fais sur la nature humaine.... Il ne me coûte que mon travail. Cette expérience me fait plaisir. Elle anime la circulation de mon sang, dissipe les humeurs sombres, éclaire mon jugement & ma raison: c'est assez... Je suis trop payé.

Je plains l'homme qui, voyageant de Dan à Bersheba (*a*), peut s'écrier: tout est triste! Oui, sans doute, le monde entier est stérile pour ceux qui ne veulent pas cultiver les fruits qu'il présente: mais, me disois-je à moi-même, en frottant gaiement mes mains l'une contre l'autre, je serois au milieu d'un désert que je trouverois de quoi m'affecter... Un doux mirthe, un triste cyprès m'attireroient sous leur feuille... Je les bénirois de l'ombrage bienfaisant qu'ils m'offriroient... Je

(*a*) Villes qui étoient situées aux deux extrémités de la Judée.

graverois mon nom ſur leur écorce, je leur dirois vous êtes les arbres les plus agréables de tout le déſert. Je gémirois avec eux en voyant leurs feuilles deſſécher & tomber, & ma joie ſe mêleroit à la leur, quand le retour de la belle ſaiſon les couronneroit d'une riante verdure.

Le ſavant Smelfungus voyagea de Boulogne à Paris, de Paris à Rome, & ainſi de ſuite. Le ſavant Smelfungus avoit la jauniſſe. Accablé d'une humeur ſombre, tous les objets qui ſe préſenterent à ſes yeux lui parurent décolorés & défigurés... Il nous a donné la relation de ſes voyages : ce n'eſt qu'un triſte détail de ſes pitoyables ſenſations.

Je rencontrai Smelfungus ſous le grand portique du Panthéon... Il en ſortoit... Hé bien ! que dites-vous de ce ſuperbe édifice ? lui dis-je. Moi ? *Ce n'eſt qu'un vaſte cirque pour un combat de coqs...* Je voudrois, lui dis-je, que vous n'euſſiez rien dit de pis de la Vénus de Médicis... J'avois appris, en paſſant à Florence, qu'il avoit fort mal traité la déesse, parce qu'il la regardoit comme la beauté la plus prostituée du pays.

Smelfungus revenoit de ses voyages, & je le rencontrai encore à Turin... Il n'eut que de tristes aventures sur la terre & sur l'onde à me raconter. Il n'avoit vu que des gens qui s'entre-mangent comme les Antropophages... Il avoit été écorché vif, & plus maltraité que St. Barthelemy dans toutes les auberges où il étoit entré.

Oh! je veux le publier dans tout l'univers, s'écria-t-il. Vous ferez mieux, lui dis-je, d'aller voir votre médecin.

Mundungus, homme dont les richesses étoient immenses, se dit un jour : allons, faisons *le grand tour.* Il va de Rome à Naples, de Naples à Venise, de Venise, à Vienne, à Dresde, à Berlin... Et Mundungus. à son retour, n'avoit pas retenu une seule anecdote agréable... Il ne disoit pas une seule chose qui eût du bon sens & de la liaison. Il avoit parcouru les grandes routes sans jeter les yeux ni d'un côté ni de l'autre, de crainte que l'amour ou la compassion ne le détournât de son chemin.

Que la paix soit avec eux, s'ils peuvent la trouver! Mais le ciel, s'il étoit possible d'y atteindre avec de pareilles humeurs, n'auroit point d'objets qui pussent fixer & amollir la dureté de leurs cœurs... Les doux esprits, sur les aîles de l'amour, viendroient se réjouir de leur arrivée: ils n'entendroient autre chose que des cantiques de joie, des extases de ravissement & de bonheur... O! mes chers lecteurs, les ames de Smelfungus & de Mundungus... Je les plains... Elles n'ont point apporté de sensibilité... Les douces sensations ne les affectent jamais... Smelfungus, Mundungus seroient placés dans la demeure la plus heureuse du ciel... Les ames de Smelfungus & de Mundungus s'y croiroient malheureuses, & gémiroient pendant toute l'éternité.

CHAPITRE XIX.

Montreuil.

MON porte-manteau étoit tombé une fois de derriere la chaiſe; j'avois été obligé de deſcendre deux fois par la pluie, & je m'étois mis une autre fois dans la boue juſqu'aux genoux pour aider le poſtillon à l'attacher... Je ne ſavois ce qui cauſoit un dérangement ſi fréquent. J'arrive à Montreuil, & l'hôte me demande ſi je n'ai pas beſoin d'un domeſtique. A ce mot, je devine que c'eſt le défaut d'un domeſtique qui eſt cauſe que mon porte-manteau ſe dérange ſi ſouvent.

Un domeſtique? dis-je. Oui, j'en ai bien beſoin. Il m'en faut un, monſieur, dit l'hôte, c'eſt qu'il y a ici près un jeune homme qui ſeroit charmé d'avoir l'honneur de ſervir un Anglois. Et pourquoi plutôt un Anglois qu'un autre? Ils ſont ſi généreux! répond l'hôte. Bon! dis-je, en moi-même. Je gage que ceci me coûtera vingt ſols de plus ce ſoir... C'eſt qu'ils ont de quoi faire les généreux, ajouta-t-il. Courage! me diſois-je, autres vingt ſols à noter. Pas plus tard qu'hier au ſoir, continua-t-il, un milord Anglois offrit un écu à la fille... Tant pis pour mademoiſelle Jeanneton, dis-je.

Mademoiſelle Jeanneton étoit fille de l'hôte, & l'hôte s'imaginant que je n'entendois pas bien le françois, ſe haſarda à m'en donner une leçon. Ce n'eſt pas *tant pis*, que vous auriez dû dire, monſieur, c'eſt *tant mieux*. C'eſt toujours tant mieux quand il y a quelque choſe à gagner; tant pis quand il n'y a rien.

Oh! cela revient au même, lui dis-je. Pardonnez moi, monſieur, dit l'hôte: cela eſt bien different.

Ces deux expreſſions, tant pis & tant mieux, ſont les deux grands pivots de preſque toutes les converſations françoiſes, & il eſt bon d'avertir qu'un étranger qui va à Paris, feroit bien de s'inſtruire, avant d'arriver, de toute l'étendue de leur usage.

Un jeune marquis, plein de vivacité, demanda à M. Hume, à la table de notre ambassadeur, s'il étoit M. Hume le poëte. Non, dit M. Hume, tranquillement. Tant pis, répond le marquis.

C'est M. Hume l'historien, dit un autre. Ah! tant mieux, dit le marquis; & M. Hume, dont le cœur, comme on sait, est excellent, remercia le marquis pour son tant pis & pour son tant mieux.

L'hôte, après sa leçon, appella La Fleur. C'est ainsi que se nommoit le jeune homme qu'il me proposoit. Je ne puis rien dire de ses talens; monsieur en jugera mieux que moi: mais pour sa probité, j'en réponds.

Je ne sais quel ton il donna à ce qu'il disoit: mais il me fit faire attention à ce que j'allois faire, & La Fleur qui attendoit dehors avec cette impatience qu'ont tous les enfans de la nature en certaines occasions, fit son entrée.

CHAPITRE

CHAPITRE XX.

Il faut ſavoir s'accommoder de tout.

JE ſuis diſpoſé à penſer favorablement de tout le monde au premier abord, & ſur-tout d'un pauvre diable qui vient offrir ſes ſervices à un auſſi pauvre diable que moi : mais ce penchant me donne quelquefois de la défiance ; il m'autoriſe, du moins, à en avoir. J'en prends plus ou moins, ſelon l'humeur qui me domine, & le cas dont il s'agit... Je puis ajouter auſſi, ſelon le ſexe à qui je dois avoir affaire.

Dès que La Fleur entra dans la chambre, ſon air ouvert & naturel triompha de la défiance. Je me décidai ſur le champ en ſa faveur ; & je l'arrêtai ſans héſiter. La prudence me chuchota que je ne ſavois pas ce qu'il ſavoit faire. Hé bien ! je découvrirai ſes talens à meſure que j'en aurai beſoin... D'ailleurs, un François eſt propre à tout.

Cependant la curiosité m'aiguillonna, & quelle fut ma surprise ! Le pauvre La Fleur ne savoit que battre du tambour & jouer quelques marches sur le fifre. Je sentis que ma foiblesse n'avoit jamais été insultée plus vivement que dans cette occasion par ma sagesse....

Malgré cela je résolus de me contenter des talens de La Fleur. Il avoit commencé son entrée dans le monde par satisfaire le noble desir qui enflamme presque tous ses compatriotes.... Il avoit servi le roi plusieurs années : mais s'étant apperçu que l'honneur d'être tambour n'ouvroit pas les portes de la récompense, ni la carriere de la gloire, il s'étoit retiré sur ses terres, où il vivoit comme il plaisoit à Dieu.... c'est-à-dire, aux dépens de l'air.

Ainsi, me dit la sagesse, vous avez pris un tambour pour vous servir pendant ce voyage? Et pourquoi ne l'aurois-je pas pris ? dis-je. N'ai-je pas mieux fait que la moitié de notre noblesse qui voyage avec des *lanodors* de laquais qu'elle paie, &

qui lui laissent à payer de plus le flûteur, le harpiniste, la clarinette, le diable & tout son train?... Lorsqu'on peut se débarrasser d'un mauvais marché par une équivoque... je trouve qu'on n'est pas à plaindre...

Mais, La Fleur, vous savez, sans doute, faire quelque chose de plus? Oh! qu'oui!.. Il pouvoit faire des guêtres, & jouer un peu du violon. Bravo! dit la sagesse... Moi, lui dis-je, je joue de la basse... Ainsi nous pourrons concerter...

Mais vous savez raser? Vous accommoderez un peu une perruque?

J'ai les meilleures dispositions... C'en est assez pour le ciel, lui dis-je, en l'interrompant; & cela doit me suffire...

On servit le soupé... Je me mis à table. J'avois d'un côté de ma chaise un épagneul anglois, un domestique François de l'autre: j'étois aussi gai qu'on peut l'être... J'étois content de mon empire... Et si les monarques savoient borner leurs desirs, ils seroient aussi heureux que je l'étois.

CHAPITRE XXI.

Discours préliminaire.

LA Fleur ne m'a point quitté pendant tous mes voyages, & il sera souvent question de lui. Il est bien juste que j'instruise un peu mes lecteurs sur son compte. Et pourquoi même ne parviendrois-je pas à les intéresser en sa faveur ? Je n'ai jamais eu de raison de me repentir d'avoir suivi les impulsions qui m'avoient déterminé à le prendre : jamais philosophe n'a eu de domestique plus fidele, plus attaché, plus véridique. Ses talens de battre du tambour & de faire des guêtres, bons en eux-mêmes, ne m'étoient pas, à la vérité, d'une grande utilité, mais j'en étois bien récompensé par la gaieté perpétuelle de son humeur... Elle suppléoit à tous les talens qu'il n'avoit pas, elle auroit même, dans mon esprit, effacé ses défauts. Sa figure m'étoit une ressource. J'y trouvois toujours de l'encouragement dans mes embarras, une espece de fil qui me faisoit sortir des difficultés que je rencontrois... J'allois dire aussi des siennes: mais il sembloit que rien n'étoit difficile pour lui. La faim, la soif, le froid, le chaud, les veilles, la fatigue, ne faisoient pas la moindre impression sur sa physiononmie. Il étoit éternellement le même. Je ne sais si je suis philosophe; satan, qui se mêle de tout, veut me le persuader; mais si je le suis, je l'avoue; je me suis trouvé bien des fois humilié, en réfléchissant aux obligations que j'avois au caractere philosophique de ce pauvre garçon. Combien de fois son exemple ne m'a-t-il pas excité à m'appliquer à une philosophie plus sublime?.. Avec tout cela, La Fleur étoit un peu fat; mais c'étoit plutôt un mouvement de la nature que l'effet de l'art. Il n'eût pas demeuré trois jours à Paris que cette fatuité disparut... Je voulois apprendre tout cela à mes lecteurs. La chose valoit bien un chapitre.

CHAPITRE XXII.

Ce qui rend vertueux.

J'INSTALAI le lendemain matin La Fleur dans sa charge. Je fis devant lui l'inventaire de mes six chemises & de ma culote de soie noire, & je lui donnai la clef de mon porte-manteau. Je lui dis de le bien attacher derriere la chaise, de faire atteler les chevaux, & d'avertir l'hôte de m'apporter son compte.

Ce garçon est heureux, dit l'hôte, en adressant la parole à cinq ou six filles qui entouroient La Fleur, & lui souhaitoient affectueusement un bon voyage : voilà sa fortune faite. J'observois cette petite scene. La Fleur baisoit les mains des filles. Ses yeux se mouillerent, il les essuya trois fois, & trois fois, il promit d'apporter des pardons de Rome à toute la bande.

Toute la ville l'aime, me dit l'hôte: on le trouvera de manque à tous les coins de Montreuil. Il n'a qu'un ſeul défaut, c'eſt d'être toujours amoureux... Bon! dis-je en moi-même. Cela m'évitera la peine de mettre chaque nuit ma culotte ſous mon oreiller, & je faiſois moins, en diſant cela l'éloge de La Fleur que le mien. J'ai toute ma vie été amoureux d'une princeſſe ou de quelqu'autre, & je compte bien l'être juſqu'à ma mort. Je ſuis très-perſuadé que ſi j'étois deſtiné à faire une action baſſe, c'eſt qu'auparavant, j'aurois ceſſé d'aimer, & que je ne la ferois que dans l'intervalle d'une paſſion à l'autre. J'ai éprouvé quelquefois de ces interregnes, & je me ſuis toujours apperçu que mon cœur étoit fermé pendant ce tems: il étoit ſi endurci qu'il falloit que je fiſſe un effort ſur moi pour ſoulager un miſérable, en lui donnant ſeulement ſix ſols. Je me hâtois alors de ſortir de cet état d'indifférence. Le moment où je me retrouvois ranimé par la tendre paſſion, étoit le moment où je redevenois généreux & compatiſſant. J'aurois tout fait, ou pour obliger mes freres, ou par complaiſance pour la compagnie dans laquelle je me trouvois. Je n'y mettois qu'une condition ; c'eſt qu'il n'y auroit point eu de crime... Mais que fais-je, en diſant tout ceci? qu'on ne s'y trompe pas. Ce n'eſt pas mon éloge, c'eſt celui de la paſſion.

CHAPITRE XXIII.

Fragment.

DE toutes les villes de la Thrace, celle d'Abdere étoit la plus abandonnée à la débauche : elle étoit plongée dans un débordement de mœurs effroyable. C'eſt en vain que Démocrite, qui y faiſoit ſon ſéjour, employoit tous les efforts de l'ironie & de la riſée pour l'en tirer : il n'y pouvoit réuſſir. Le poiſon, les conſpirations, le meurtre, le viol, les libelles diffamatoires, les pasquinades, les séditions y régnoient : on n'osoit sortir le jour; c'étoit encore pis la nuit.

Ces horreurs étoient à ce point, lorsqu'on représenta l'Andromede d'Euripide à Abdere. Tous les spectateurs en furent charmés. Mais de tous les endroits dont ils furent enchantés, rien ne frappa plus leur imagination que les tendres sensations de la nature, qu'Euripide avoit peintes dans le discours pathétique de Persée.

O! Cupidon, roi des dieux & des hommes.

Tout le monde, le lendemain, parloit en vers iambiques. Ce discours de Persée faisoit le sujet de toutes les conversations... On ne faisoit que répéter dans chaque maison, dans chaque rue :

O! Cupidon, roi des dieux & des hommes.

Tout rétentissoit du nom de Cupidon;

le nom de ce dieu mis en refrain, flattoit plus que la plus douce mélodie. On n'entendoit de tous côtés que Cupidon, Cupidon, roi des dieux & des hommes... Le même feu saisit tout le monde : & toute la ville, comme si les habitans n'avoient eu qu'un même cœur, se livra à l'amour.

Les apothicaires d'Abdere cesserent de vendre de l'ellebore ; les faiseurs d'armes ne vendirent plus d'instrument de mort. L'amitié, la vertu regnerent par-tout. Les ennemis les plus irréconciliables s'entre-donnerent publiquement le baiser de paix... Le siecle d'or revint & répandit ses bienfaits sur Abdere. Les Abdéritains jouoient des airs tendres sur le chalumeau, le beau sexe quittoit les robes de pourpre, & s'asseyoit modestement sur le gazon pour écouter ces doux concerts.

Il n'y avoit, dit le fragment, que la puissance d'un Dieu dont l'empire s'étend du ciel à la terre, & jusques dans le fond des eaux, qui pût opérer ce prodige.

CHAPITRE XXIV.

Plaisir rarement goûté.

QUAND tout est prêt & qu'on a discuté chaque article de la dépense, il y a encore, à moins que le mauvais traitement n'ait remué votre bile, en aigrissant votre humeur, une autre affaire à ajuster à la porte avant de monter en chaise. C'est avec les fils & les filles de la pauvreté que vous avez affaire. Ils vous entourent... Et que personne ne les rebute !... Ce que souffrent ces malheureux est déja trop cruel pour y ajouter de la dureté. Il vaut mieux avoir quelque monnoie à leur distribuer ; & c'est un conseil que je donne à tous les voyageurs... Ils n'auront pas besoin d'écrire les motifs de leur générosité : ils seront enrégistrés ailleurs.

Personne ne donne moins que moi, parce qu'il y a peu de mes connoissances qui aient moins à donner: mais c'étoit le premier acte de cette nature que je faisois en France; je le fis avec plus d'attention.

Hélas! disois-je, en les montrant au bout de mes doigts, je n'ai que huit sols, & je voyois huit pauvres femmes & autant d'hommes pour les recevoir.

Un de ces hommes sans chemise, & dont l'habit tomboit en lambeaux se trouvoit au milieu des femmes. Il s'en retira aussi-tôt en faisant la révérence. Si tout le parterre crioit d'une voix : place aux dames, il ne montreroit pas plus de déférence pour le beau sexe que ce pauvre homme.

Juste ciel! m'écriai-je en moi-même, par quelles sages raisons avez-vous ordonné que la mendicité & la politesse seroient réunies dans ce pays, quand elles sont si opposées dans les autres régions.

Je lui offris un de mes huit sols, uniquement parce qu'il avoit été honnête.

Un pauvre petit homme, plein de vivacité, & qui étoit vis-à-vis de moi, après avoir mis sous son bras un fragment de chapeau, tira sa tabatiere de sa poche, & offrit généreusement une prise de tabac à toute l'assemblée... C'étoit un don de conséquence, & chacun le refusa en faisant une inclination... Il les sollicita avec un air de franchise; prenez, prenez-en, dit-il, en regardant d'un autre côté... Et à la fin ils en prirent. Ce seroit dommage, me dis-je, que ta boëte se vuidât. J'y mis deux sols, & j'y pris moi-même une prise de tabac pour lui rendre le don plus agréable... Il sentit le poids de la seconde obligation plus que celui de la premiere... C'étoit lui faire honneur. L'autre, au contraire, étoit humiliante: il me salua jusqu'à terre.

Tenez, dis-je à un vieux soldat qui n'avoit qu'une main, & sembloit avoir vieilli dans le service, voilà deux sols pour vous... Vive le roi! s'écria le vieux soldat.

Il ne me restoit plus que trois sols. J'en donnai un pour l'amour de Dieu. C'est à ce titre qu'on me le demandoit. La pauvre femme avoit la cuisse disloquée: on ne peut pas ſoupçonner que ce fût pour un autre motif.

Mon cher & très-charitable monſieur!., On ne peut pas renvoyer celui-là, me diſois-je, milord Anglois!.. Le ſeul ſon de ce mot valoit l'argent, & je le payai du dernier de mes ſols... Mais, dans l'empreſſement où j'avois été de les diſtribuer, j'avois oublié un pauvre honteux qui n'avoit perſonne pour faire la quête, & qui, peut-être, auroit péri avant d'oſer demander lui-même. Il étoit près de la chaiſe, mais hors du cercle, il eſſuyoit une larme qui découloit le long de ſon viſage, & il avoit l'air d'avoir vu de plus beaux jours. Bon Dieu! me diſois-je, & je n'ai pas un ſol pour lui donner?... Vous en avez mille, s'écrierent à la fois toutes les puiſſances de la nature qui étoient en mouvement chez moi. Je m'approchai de lui, & je lui donnai... Il n'importe quoi... Je rougirois à préſent de me ſouvenir combien... J'étois honteux alors de penſer combien peu... Si le lecteur devine ma diſpoſition, il peut juger, entre ces deux points donnés, à un écu ou deux près, quelle fut la ſomme préciſe.

Je ne pouvois rien donner aux autres... Que Dieu vous béniſſe, leur dis-je. Et le bon Dieu vous béniſſe vous-même, s'écrierent le vieux ſoldat, le petit homme, &c. Le pauvre honteux ne pouvoit rien dire... il ſe retira dans un coin pour eſſuyer ſes yeux en ſe détournant. Je crus qu'il me remercioit plus que tous ceux qui parloient.

CHAPITRE XXV.

Le bidet.

CES petites affaires ne furent pas ſi-tôt ajuſtées que je montai dans ma chaiſe, très-content de tout ce que j'avois fait à Montreuil... La Fleur avec ſes groſſes bottes ſauta ſur un bidet... Il s'y tenoit auſſi droit & auſſi heureux qu'un prince.

Mais qu'eſt-ce que le bonheur & les grandeurs dans cette ſcene factice de la vie? Rien n'y eſt ſtable ni permanent. Nous n'avions pas encore fait une lieue, qu'un âne mort arrêta tout court La Fleur dans ſa courſe... Le bidet ne voulut pas paſſer. La conteſtation entre La Fleur & lui s'échauffa, & le pauvre garçon fut déſarçonné & jeté par terre.

Il ſouffrit ſa chûte avec toute la patience du François qui auroit été le meilleur chrétien, & ne dit pas autre choſe que diable! Il remonta à cheval ſur le champ, & battit le bidet, comme il auroit pu battre ſon tambour.

Le bidet voloit d'un côté du chemin à l'autre, tantôt par-ci, tantôt par-là: mais il ne vouloit pas approcher de l'âne mort. La Fleur, pour le corriger, inſiſtoit... Et le bidet entêté le jeta encore par terre.

Qu'a votre bidet, lui dis-je, La Fleur? Monſieur, c'eſt le cheval le plus opiniâtre du monde. Hé bien! s'il eſt obſtiné, repris-je, il faut le laiſſer aller à ſa fantaiſie. La

Fleur, qui étoit remonté, defcendit & dans l'idée qu'il feroit aller le bidet en avant, il lui donna un grand coup de fouet : mais le bidet s'en retourna en galopant à Montreuil. Pefte ! dit La Fleur.

Je crois qu'il eft bon de remarquer ici que quoique La Fleur dans ces accidens ne fe fût fervi que de deux termes d'exclamation, il y en a cependant trois dans la langue françoife. Ils répondent à ce que les grammairiens appellent le pofitif, le comparatif & le fuperlatif; & l'on fe fert des uns & des autres dans tous les accidens imprévus de la vie.

Diable eft le premier degré, c'eft le degré pofitif ; il eft d'ufage dans les émotions ordinaires de l'efprit, & lorfque de petites chofes, contraires à notre attente, arrivent. Qu'on joue par exemple au paffe-dix, & que l'on ne rapporte deux fois de fuite que double as, ou comme La Fleur, que l'on foit défarçonné & jeté par terre, ces petites circonftances & tant d'autres s'expriment par diable, & c'eft pour cette raiſon que le cocuage qui, en certain pays de l'Europe, exige plus d'énergie, ne ſe plaint en France que par cette expreſſion...

Mais dans une aventure où il entre quelque choſe de dépitant, comme lorſque le bidet s'enfuit, en laiſſant La Fleur étendu par terre dans ſes groſſes bottes, alors vient le ſecond degré, on ſe ſert de peſte!

Pour le troiſieme...

Oh! c'eſt ici que mon cœur ſe gonfle de compaſſion, quand je ſonge à ce qu'un peuple auſſi poli doit avoir ſouffert pour qu'il ſoit forcé à s'en ſervir...

Puiſſance qui délie nos langues & les rends éloquentes dans la douleur, accorde-moi des termes décens pour exprimer ce ſuperlatif, & quel que ſoit mon ſort, je céderai à la nature...

Mais il n'y a point de ces termes décens dans la langue françoiſe... Je pris mon parti, je formai la réſolution de prendre les accidens qui m'arriveroient avec patience & ſans faire d'exclamation.

La Fleur n'avoit pas fait cette convention

avec lui-même. Il ſuivit le bidet des yeux, tant qu'il le put voir... Et l'on peut s'imaginer, ſi l'on veut, dès qu'il ne le vit plus, de quelle expreſſion il fit uſage pour conclure la ſcene.

Il n'y avoit guere de moyen avec des bottes fortes aux jambes de rattrapper un cheval effarouché. Je ne voyois qu'une alternative ; c'étoit de faire monter La Fleur derriere la chaiſe, ou de l'y faire entrer...

Il vint s'aſſeoir à côté de moi, & dans une demi-heure nous arrivâmes à la poſte de Nampont.

CHAPITRE XXVI.

L'âne mort.

VOICI, dit-il, en tirant de ſon biſſac, le reſte d'une croûte de pain, voici ce que tu aurois partagé avec moi ſi tu avois vécu... Je croyois que cet homme apoſtrophoit ſon enfant... Mais c'étoit à son âne qu'il adressoit la parole, & c'étoit le même âne que nous avions vu en chemin, & qui avoit été si fatal à La Fleur... Il paroissoit le regretter si vivement, qu'il me fit souvenir des plaintes que Sancho-Pança avoit faites dans une occasion semblable. Mais cet homme se plaignoit avec des touches plus conformes à la nature.

Il étoit assis sur un banc de pierre à la porte. Le panneau & la bride de l'âne étoient à côté de lui : il les levoit de tems en tems, & les laissoit ensuite tomber... puis les regardoit fréquemment en levant la tête... Il reprit ensuite sa croûte de pain comme s'il alloit la manger... Mais, après l'avoir tenue quelque tems à la main, il la posa sur le mords de la bride en regardant avec des yeux de desir l'arrangement qu'il venoit de faire, & il soupira.

La simplicité de sa douleur assembla une foule de monde autour de lui ; & La Fleur s'y mêla pendant qu'on atteloit les chevaux. Moi, j'étois resté dans la chaise, & je voyois & j'entendois par dessus la tête des autres.

Il disoit qu'il venoit d'Espagne, où il étoit allé du fond de la Franconie, & qu'il s'en retournoit chez lui. Chacun étoit curieux de savoir ce qui avoit pu engager ce pauvre vieillard à entreprendre un si long voyage.

Hélas! dit-il, le ciel m'avoit donné trois fils. C'étoient les plus beaux garçons de toute l'Allemagne. La petite vérole m'enleva les deux ainés. Le plus jeune étoit frappé de la même maladie; je craignis aussi de le perdre, & je fis vœu, s'il en revenoit, d'aller par reconnoissance en pélerinage à S. Jacques de Compostelle.

Là il s'arrêta pour payer un tribut à la nature... & pleura amerement.

Il continua... Le ciel, dit-il, me fit la faveur d'accepter la condition, & je partis de mon hameau avec le pauvre animal que j'ai perdu... Il a participé à toutes les fatigues de mon voyage. Il a mangé le même pain que moi pendant toute la route....

Enfin, il a été mon compagnon & mon ami.

Chacun prenoit part à la douleur de ce pauvre homme. La Fleur lui offrit de l'argent... Il dit qu'il n'en avoit pas besoin. Hélas! ce n'est pas la valeur de l'âne que je regrette, c'est sa perte... J'étois assuré qu'il m'aimoit... Il leur raconta l'histoire d'un malheur qui leur étoit arrivé en passant les Pyrenées... Ils s'étoient perdus & avoient été séparés trois jours l'un de l'autre: pendant ce tems l'âne l'avoit cherché autant qu'il avoit cherché l'âne: à peine purent-ils manger l'un & l'autre qu'ils ne se fussent retrouvés.

Vous avez au moins une consolation, lui dis-je, dans votre perte. C'est que je suis persuadé que vous lui avez été un tendre maître. Hélas! dit-il, je le croyois ainsi pendant que le pauvre animal vivoit: mais, à présent qu'il est mort, je crains que la fatigue de me porter ne l'ait accablé, & que je ne sois responsable d'avoir abrégé sa vie...

Quelle honte pour les hommes! me dis-je en moi-même. Se croient-ils indignes de s'entr'aimer au moins autant que ce pauvre homme aimoit ſon âne ?

CHAPITRE XXVII.

Le poſtillon.

CETTE hiſtoire m'affecta. Le poſtillon n'y prit pas garde, & il m'entraîna ſur le pavé au grand galop.

Le voyageur qui brûle de ſoif dans les déſerts ſablonneux de l'Arabie, n'aſpire pas plus vivement au bonheur de trouver une ſource, que mon ame aſpiroit après des mouvemens tranquilles... J'aurois ſouhaité que le poſtillon eût parti moins vite : mais, au moment que le bon pélerin achevoit ſon hiſtoire, il donna de ſi grands coups de fouet à ſes chevaux, qu'ils partirent comme ſi le dieu qui pouſſoit ceux d'Hypolite eût été à leurs trouſſes.

Pour l'amour de Dieu ! lui criois-je,

allez plus doucement. Mais plus je criois, plus il excitoit ses chevaux. Que le diable t'emporte donc! lui dis-je. Vous verrez qu'il continuera d'aller vîte jusqu'à ce qu'il me mette en colere... Ensuite il ira doucement pour me faire enrager.

Il n'y manqua pas. Il arriva à une hauteur, & fut obligé d'aller pas-à-pas. Je m'étois fâché contre lui... Je m'étois fâché ensuite contre moi-même pour m'être mis en colere... Un bon galop, dans ce moment m'auroit fait du bien... Mais...

Allons un peu plus vîte, mon bon garçon, lui dis-je...

Je voulois me rappeller l'histoire du pauvre Allemand & de son âne: mais j'en avois perdu le fil, & il me fut aussi impossible de le retrouver, qu'au postillon d'aller le trot.

Hé bien! que tout aille à l'aventure! Je me sens disposé à faire de mon mieux, & tout va de travers.

La nature dans ses trésors a toujours des lénitifs pour adoucir nos maux. Je m'endormis

mis & ne me réveillai qu'au mot d'Amiens qui frappa mon oreille.

Oh ! oh ! dis-je, en me frottant les yeux... C'est ici que ma belle dame doit venir.

CHAPITRE XXVIII.

Résolution.

J'EUS, à peine, prononcé ces mots, que le comte de L. & sa sœur passerent dans leur chaise de poste. Elle me fit un salut de connoissance, mais avec un air qui sembloit signifier, qu'elle avoit quelque chose à me dire. Je n'avois effectivement pas encore achevé de souper, que le domestique de son frere m'apporta un billet de sa part. Elle me prioit, le premier matin que je n'aurois rien à faire à Paris, de remettre la lettre qu'elle m'envoyoit à madame de R. Elle ajoutoit qu'elle auroit bien voulu me raconter son histoire,

& qu'elle étoit bien fâchée de n'avoir pu le faire... Mais que si jamais je passois par Bruxelles, & que je n'eusse pas oublié le nom de madame L., elle auroit cette satisfaction.

Ah! j'irai vous voir, charmante femme! dis-je en moi-même. Rien ne me sera plus facile. Je n'aurai qu'à, en revenant d'Italie, traverser l'Allemagne, la Hollande. Et que m'en coûtera-t-il de plus d'aller en Brabant? à peine y a-t-il dix postes. Mais, il y en auroit mille.... je les franchirois toutes. Quelles délices, pour prix de tous mes voyages, de participer aux incidens d'une triste histoire, que la beauté, qui en est le sujet, raconte elle-même!... Quelle félicité de la voir pleurer! ç'en seroit une plus grande encore de tarir la source de ses larmes; mais si je ne parviens pas à la dessécher, n'est-ce pas toujours une sensation exquise d'essuyer les joues mouillées d'une belle femme, assis à ses côtés pendant toute la nuit & dans le silence?

Il n'y avoit certainement point de mal

dans cette pensée. J'en fis cependant un reproche amer & dur à mon cœur.

J'avois toujours joui du bonheur d'aimer quelque belle. Ma derniere flamme éteinte dans un accès de jalousie, s'étoit rallumée depuis trois mois aux beaux yeux de Lisette, & je lui avois juré qu'elle dureroit pendant tous mes voyages.... Et pourquoi dissimuler la chose? Je lui avois juré une fidélité éternelle : elle avoit des droits sur tout mon cœur. Partager mes affections, c'étoit diminuer ces droits.... Les exposer, c'étoit les risquer.... Et qui pouvoit m'assurer qu'il n'y auroit point de perte? Et alors Yorik, qu'aurez-vous à répondre aux plaintes d'un cœur si rempli de confiance, si bon, si doux?... N'est-il pas irréprochable?... Non, non, dis-je en m'interrompant moi-même, je n'irai pas à Bruxelles... Mais mon imagination, cependant, continue à se promener.... Enchanteresse!... Ah! cesse de m'offrir tes illusions.... Elles sont heureusement dissipées. Je ne vois plus que ma Lisette. Je me rappelle ses regards au dernier moment de notre séparation : dans ce moment où l'ame, à force de sentir, ne nous permettoit pas d'exprimer notre adieu par le mot même. Et n'est-ce pas là ton portrait, ma chere Lisette? N'est-ce pas toi qui me l'as attaché au col avec ce ruban noir? Je rougis en le fixant.... Je voulus le baiser.... & je n'osai en approcher mes levres. Cette tendre fleur doit-elle se flétrir jusques dans la racine? Et qui en seroit cause? N'est-ce pas moi, au contraire, qui ai promis que mon sein feroit mon abri?

Source éternelle de félicité! m'écriai-je en tombant à genoux, soyez témoin avec tous les esprits céléstes, que je n'irai point à Bruxelles, à moins qu'il ne fallût passer par là pour gagner le Ciel, & que Lisette n'y vint avec moi.

Le cœur, dans des transports de cette nature, dit toujours trop malgré le jugement.

CHAPITRE XXIX.

La Lettre.

LA fortune n'avoit pas favorisé La Fleur. Il n'avoit pas été heureux dans ses faits de chevalerie, & depuis vingt-quatre heures, à-peu-près, qu'il étoit à mon service, rien ne s'étoit offert pour qu'il pût signaler son zele. Le domestique du comte de L..... qui m'avoit apporté la lettre, lui parut une occasion propice, & il la saisit. Dans l'idée qu'il me feroit honneur par ses attentions, il le prit dans un cabinet de l'auberge, & le régala du meilleur vin de Picardie. Le domestique du comte, pour n'être pas en reste de politesse, l'engagea à venir avec lui à l'hôtel. L'humeur gaie & douce de La Fleur mit bientôt tous les gens de la maison à leur aise vis-à-vis de lui. Il n'étoit pas chiche, en vrai François, de montrer les talens qu'il possédoit, & en moins de cinq ou six minutes il prit son fifre, & la femme-de-chambre, le maître-d'hôtel, le cuisinier, la laveuse de vaisselle, les laquais, les chiens, les chats, tout, jusqu'à un vieux singe, se mit aussi-tôt à danser. Jamais cuisine n'avoit été si gaie.

Madame de L.... en passant de l'appartement de son frere dans le sien, surprise des ris & du bruit qu'elle entendoit, sonna sa femme-de-chambre pour en savoir la cause : & dès qu'elle sût que c'étoit le domestique du gentil-homme Anglois qui avoit répandu la gaieté dans la maison en jouant du fifre, elle lui fit dire de monter.

La Fleur, en montant les escaliers, s'étoit chargé de mille complimens de la part de son maître pour madame ; ajoutant bien des choses au sujet de la santé de madame ; que son maître seroit au désespoir, si madame se trouvoit incommodée par les fatigues du voyage, & que monsieur avoit reçu la lettre que madame lui avoit fait l'honneur de lui écrire.... Et sans doute, il m'a fait l'honneur, dit madame, en interrompant La Fleur, de me répondre par un billet?...

Elle lui parut dire cela d'un ton qui annonçoit tellement qu'elle étoit sûre du fait, que La Fleur n'osa la détromper.... Il trembla que je n'eusse fait une impolitesse; peut-être eût-il peur aussi qu'on ne le regardât comme un sot de s'attacher à un maître qui manquoit d'égards pour les dames; & lorsqu'elle lui demanda s'il avoit une lettre pour elle, oh! qu'oui, dit-il, madame. Il mit aussi-tôt son chapeau par terre, & saisissant le bas de sa poche droite avec la main gauche, il commença à chercher la lettre avec son autre main... Il fit la même recherche dans sa poche gauche: diable! disoit-il. Ensuite il chercha dans les poches de sa veste, & même de gousset: peste!... Enfin il les vida sur le plancher où il étala un col sale, un mouchoir, un peigne, une mèche de fouet, un bonnet de nuit.... Il regarda entre les bords de son chapeau, & peu s'en fallut qu'il ne plaçât là la troisième exclamation : mais son étourderie en prit la place. Excusez, dit-il madame, il faut que j'aie laissé la lettre sur la table de l'auberge. Je vais courir la chercher, & je serai de retour dans trois minutes.

Je venois de me lever de table, quand La Fleur entra pour me conter son aventure. Il me fit naïvement le récit de toute l'histoire, & il ajouta que si monsieur avoit, par hasard, oublié de répondre à la lettre de madame, il pouvoit réparer cette faute par tout ce qu'il venoit de faire. . . . Sinon que les choses resteroient comme elles étoient d'abord.

Je n'étois pas sûr que l'étiquette m'obligea de répondre ou non ; mes cheveux ne se sont pas blanchis à l'étude de cette loi. Mais un démon même n'auroit pas pu se fâcher contre La Fleur. C'étoit son zele pour moi qui l'avoit fait agir. S'y étoit-il mal pris ? me jettoit-il dans un embarras ? . . . Son cœur n'avoit pas fait de faute. . . . Je ne crois pas que je fusse obligé d'écrire... La Fleur avoit, cependant, l'air d'être si satisfait de lui-même que...

Cela est fort bien, lui dis-je, cela suffit... Il sortit de la chambre avec la vîtesse d'un éclair, & m'apporta presqu'aussi-tôt une plume, de l'encre & du papier... Il approcha la table d'un air si gai, si content, que je ne pus me défendre de prendre la plume.

Mais qu'écrire? Je commençai & recommençai. Je gâtai inutilement cinq ou six feuilles de papier.... Je n'étois pas d'humeur à écrire.

La Fleur qui s'imaginoit que l'encre étoit trop épaisse, m'apporta de l'eau pour la délayer. Il mit ensuite devant moi de la poudre & de la cire d'Espagne. Tout cela ne faisoit rien. J'écrivois, j'effaçois, je déchirois, je brûlois & je me remettois à écrire avec aussi peu de succès. Peste de l'étourdi!... me disois-je à moi-même à voix basse... Je ne peux pas écrire cette lettre.... Je jetai de désespoir la plume à terre.

La Fleur, qui vit mon embarras, s'avança d'une maniere respectueuse, &, en me faisant mille excuses de la liberté qu'il alloit prendre, il me dit qu'il avoit dans la poche une lettre qui pourroit, peut-être, me servir de modele. Un tambour de son régiment l'avoit écrite à la femme d'un caporal.

Je ne demandois pas mieux que de le contenter. Voyons-la, lui dis-je.

Il tira alors de sa poche un petit porte-feuille rempli de lettres & de billets doux. Il dénoua la corde qui le lioit, en tira les lettres, les mit sur la table, les feuilleta les unes après les autres, & après les avoir toutes repassées à deux reprises différentes, il s'écria enfin : monsieur, c'est celle-ci. Il la déploya, la mit devant moi, & se retira à trois pas de la table pendant que je la lisois.

LETTRE. (*a*).

MADAME,

JE ſuis pénétré de la douleur la plus vive, & réduit en même tems au déſeſpoir par ce retour imprévu du caporal qui rend notre entrevue de ce ſoir la choſe du monde la plus impoſſible.

Mais vive la joie! & toute la mienne ſera de penſer à vous.

L'amour n'eſt rien *ſans ſentiment.*

Et le ſentiment eſt encore moins *ſans amour.*

On dit qu'on ne doit jamais ſe déſeſpérer.

On dit auſſi que monſieur le caporal monte la garde mercredi : alors ce ſera mon tour.

Chacun à ſon tour.

(*a*) Cette lettre eſt en françois dans l'original.

En attendant, vive l'amour! & vive la bagatelle!

Je ſuis,

MADAME,

avec tous les ſentimens les plus reſpectueux & les plus tendres, tout à vous.

JACQUES ROC.

Il n'y avoit qu'à changer le caporal en comte.... Ne point parler de monter la garde le mercredi. La lettre, au ſurplus, n'étoit ni bien ni mal. Ainſi, pour contenter le pauvre La Fleur, qui trembloit pour ma réputation, pour la ſienne & pour la lettre, j'habillai ce chef-d'œuvre à ma guiſe. Je cachetai ce que j'avois écrit. La Fleur le porta à madame de L.... & nous partîmes le lendemain matin pour Paris.

CHAPITRE XXX.

Paris.

L'AGRÉABLE ville, quand on a un bel équipage, une douzaine de laquais & une couple de cuisiniers! avec quelle liberté, quelle aisance on y vit!

Mais un pauvre prince, sans cavalerie, & qui n'a pour tout bien qu'un fantassin, fait bien mieux d'abandonner le champ de bataille & de se confiner dans le cabinet, s'il peut s'y amuser.

J'avoue que mes premieres sensations, dès que je fus seul dans ma chambre, furent bien éloignées d'être aussi flatteuses que je me l'étois figuré... Je m'approchai de la fenêtre, & je vis à travers les vitres une foule de gens de toutes couleurs qui couroient après le plaisir : les vieillards avec des lances rompues & des casques qui n'avoient plus leurs masques : les jeunes chargés d'une armure brillante d'or, ornés de tous les riches plumages de l'Orient, & joûtant tous en faveur du plaisir, comme les preux chevaliers faisoient autrefois dans les tournois pour acquérir de la gloire & de l'estime.

Hélas! mon pauvre Yorick, m'écriai-je, que fais-tu ici? À peine ès-tu arrivé que ce fracas brillant te jette dans le rang des atômes. Ah! cherche quelque rue détournée, quelque profond cul-de-sac où l'on n'ait jamais vu de flambeau darder ses rayons, ni entendu de carrosse rouler.... C'est là où tu peux passer ton tems. Peut-être y trouveras-tu quelque grisette qui te le fera paroître moins long. Voilà les especes de cotteries que tu pourras fréquenter.

Je périrai plutôt, m'écriai-je, en tirant de mon porte-feuille la lettre que madame de L.... m'avoit chargé de remettre. J'irai voir madame de R... & c'est la premiere chose que je ferai... La Fleur?... monsieur... Faites venir un perruquier... Vous donnerez ensuite un coup de vergette à mon habit.

CHAPITRE XXXI.

La Perruque.

LE perruquier entre. Il jette un coup d'œil ſur ma perruque, & refuſe net d'y toucher. C'étoit une choſe au-deſſus ou au-deſſous de ſon art. Mais, comment donc faire? lui dis-je... Monſieur, il en faut prendre une de ma façon. J'en ai de toutes faites... Voyons. Il ſortit & rentra preſque auſſi-tôt avec cinq ou ſix perruques.

Celle-ci vous va à merveille... Oui? Hé bien! ſoit... Mais je crains, mon ami, lui dis-je, que cette boucle ne ſe ſoutienne pas.... Vous pourriez, dit-il, la tremper dans la mer, elle tiendroit.

Tout eſt grand à Paris, me diſois-je. La plus grande étendue des idées d'un perruquier Anglois n'auroit jamais été plus loin qu'à lui faire dire : trempez-la dans un ſeau d'eau. Quelle différence! C'eſt comme le tems à l'éternité.

Je l'avouerai : je déteſte toutes les conceptions froides & flegmatiques, & toutes les idées minces & bornées, dont elles naiſſent : je ſuis ordinairement ſi frappé des grands ouvrages de la nature que, ſi je le pouvois, je n'aurois jamais d'objets de comparaiſon que ce ne fût pour le moins une montagne. Tout ce qu'on peut dire du ſublime françois, à cet égard, c'eſt que la grandeur conſiſte plus dans le mot que dans la choſe. La mer remplit, ſans doute, l'eſprit d'une idée vaſte : mais Paris eſt ſi avant dans les terres, qu'il n'y avoit pas d'apparence que je priſſe la poſte pour aller à cent milles de-là faire l'expérience dont me parloit le perruquier. Ainſi le perruquier ne me diſoit rien.

Un ſeau d'eau fait, ſans contredit, une triſte figure vis-à-vis de la mer : mais il a l'avantage d'être ſous la main, & l'on peut y tremper la boucle en un inſtant....

Disons le vrai. L'expression françoise exprime plus qu'on ne peut faire. C'est, du moins, ce que je pense après y avoir bien réfléchi.

Je ne sais si je me trompe : mais il me semble que ces minuties sont des marques beaucoup plus sûres & beaucoup plus distinctives des caracteres nationaux que les affaires les plus importantes de l'Etat, où il n'y a ordinairement que les grands qui agissent. Ils se ressemblent & parlent à-peu-près de même dans toutes les nations, & je ne donnerois pas douze sols de plus pour avoir le choix entr'eux tous.

Le perruquier me disoit qu'il vouloit que ma perruque fît sa réputation, & il resta si long-tems à l'accommoder, que je trouvai qu'il étoit trop tard pour aller chez madame de R. porter ma lettre... Cependant quand un homme est une fois habillé pour sortir, il ne peut guères faire de réflexions sérieuses. Je pris par écrit le nom de l'hôtel de Modene où j'étois logé, & je sortis sans savoir où j'irois... J'y songerai, dis-je, en marchant.

CHAPITRE XXXII.

Le Poulx.

LES petites douceurs de la vie en rendent la durée moins ennuyeuse & plus supportable. Les graces, la beauté disposent à l'amour : elles ouvrent la porte, & on y entre insensiblement.

Je vous prie, madame, d'avoir la bonté de me dire par où il faut prendre pour aller à l'*Opéra Comique*. Très-volontiers, monsieur, dit-elle, en quittant son ouvrage.

J'avois jeté les yeux dans cinq ou six boutiques pour chercher une figure qui ne se refrogneroit pas en lui faisant cette question. Celle-ci me plut & j'entrai.

Elle étoit assise sur une chaise basse dans le fond de la boutique, en face de la porte, & brodoit des manchettes. Très-volontiers, dit-elle, & elle se leva d'un air si gai, si gracieux, que si j'avois dépensé cinquante louis dans sa boutique, j'aurois dit... cette femme est reconnoissante.

Il faut tourner, monsieur, dit-elle, en venant avec moi à la porte, & en me montrant la rue qu'il falloit prendre, il faut d'abord tourner à gauche... Mais prenez garde... Il y a deux rues; c'est la seconde.... Vous la suivrez un peu, & vous verrez une église. Quand vous l'aurez passée, vous prendrez à droite, & cette rue vous conduira au bas du Pont-Neuf qu'il faudra passer... Vous ne trouverez personne alors qui ne se fasse un plaisir de vous montrer le reste du chemin...

Elle me répéta tout cela trois fois avec autant de patience & de bonté qu'elle me l'avoit d'abord dit, & si des tons & des manieres ont une signification, (& ils en ont une, sans doute, à moins que ce ne soit pour des cœurs insensibles), elle ſembloit s'intéreſſer à ce que je ne me perdiſſe pas.

Cette femme, qui n'étoit guères au-deſſus de l'ordre des griſettes, étoit charmante, mais je ſuppoſe que ce ne fut pas ſa beauté qui me rendit ſi ſenſible à ſa politeſſe. La ſeule choſe dont je me ſouvienne bien, c'eſt que je la fixai en lui diſant combien je lui étois obligé. Je réitérai mes remerciemens autant de fois qu'elle m'avoit inſtruit.

Je n'étois pas à dix pas de ſa porte, que j'avois oublié tout ce qu'elle m'avoit dit.... Je regardai derriere moi, & je vis qu'elle étoit encore ſur ſa boutique pour obſerver, ſi je prendrois le bon chemin. Je retournai pour lui demander s'il falloit d'abord aller à droite ou à gauche... J'ai tout oublié, lui dis-je. Eſt-il poſſible? dit-elle en ſouriant. Cela eſt très-poſſible, & cela arrive toujours, quand on fait moins d'attention aux avis que l'on reçoit qu'à la perſonne qui les donne.

Ce que je diſois étoit vrai, & elle le

prit comme toutes les femmes prennent les choses qui leur sont dues. Elle me fit une légere révérence.

Attendez, me dit-elle, en mettant sa main sur mon bras pour me retenir. Je vais envoyer un garçon dans ce quartier-là porter un paquet : si vous voulez avoir la complaisance d'entrer, il sera prêt dans un moment, & il vous accompagnera jusqu'à l'endroit même. Elle cria à son garçon qui étoit dans l'arriere-boutique, de se dépêcher, & j'entrai avec elle. Je levai de dessus la chaise où elle les avoit mises, les manchettes qu'elle brodoit : elle s'assit sur une chaise basse, & je me mis à côté d'elle.

Allons donc, François, dit-elle. Ne vous impatientez pas, je vous prie, monsieur, il sera prêt dans un moment. Et pendant ce moment, je voudrois, moi, vous dire mille choses agréables pour toutes vos politesses. Il n'y a personne qui ne puisse, par hasard, faire une action qui annonce un bon naturel, mais quand les actions de ce genre se multiplient, c'est l'effet du caractere & du tempérament. Si le sang qui passe dans le cœur est le même que celui qui coule vers les extrêmités, je suis sûr, ajoutai-je, en lui soulevant le poignet, qu'il n'y a point de femme dans le monde qui ait un meilleur poulx que le vôtre.... Tâtez-le, dit-elle, en tendant le bras; & aussi-tôt je saisis ses doigts d'une main; j'appliquai sur l'artere les deux premiers doigts de mon autre main.

Que ne passiez-vous en ce moment, mon cher ami! Vous m'auriez vu en habit noir, & dans une attitude grave, aussi attentivement occupé à compter les battemens de son poulx, que si j'eusse guetté le retour du flux & reflux de la fievre. Vous auriez ri; mais, peut-être aussi, m'auriez-vous moralisé... Hé bien! je vous aurois laissé rire sans m'inquiéter de vos sermons... Croyez-moi, mon cher censeur, il y a de bien plus mauvaises occupations dans le monde que celle de tâter le poulx d'une femme.... Oui... mais d'une grisette?... & dans une boutique toute ouverte?...

Eh! tant mieux. Quand mes vues sont honnêtes, je ne me mets point en peine de ce qu'on peut dire.

CHAPITRE XXXIII.

Le Mari.

J'AVOIS compté vingt battemens de poulx, & je voulois aller jusqu'à quarante, quand son mari parut à l'improviste, & dérangea mon calcul. C'est mon mari, dit-elle; & cela ne fait rien. Je recommençai donc à compter. Monsieur est si complaisant, ajouta-t-elle, qu'en passant près de chez nous, il est venu pour me tâter le poulx. Le mari ôta son chapeau, me salua, & me dit que je lui faisois trop d'honneur. Il remit aussi-tôt son chapeau & s'en alla.

Bon Dieu! m'écriai-je en moi-même, est-il possible que ce soit là son mari?

Une foule de gens ſavent, ſans doute, ce qui pouvoit m'autoriſer à faire cette exclamation, & ils vont ſe fâcher de ce que je vais l'expliquer à d'autres... A la bonne heure.

Un marchand de Londres ne ſemble être avec ſa femme qu'un tout, un individu, dont une partie brille par les perfections de l'eſprit & du corps, & l'autre en poſſede auſſi qui ne ſont pas moins utiles. Ils uniſſent tout cela, vont de pair & quadrent l'un avec l'autre autant qu'il eſt poſſible à un mari & à une femme de s'accorder.

Mais ce n'eſt pas ainſi que vont les choſes à Paris. La puiſſance légiſlative & exécutrice de la boutique n'appartient point au mari : c'eſt l'empire de la femme, & le mari qui n'y paroît qu'en étranger, y paroît rarement. Il ſe tient dans l'arriere-boutique ou dans quelque chambre obſcure, tout ſeul dans ſon bonnet de nuit. Fils ruſtique de la nature, il reſte au milieu des hommes, tel que la nature l'a formé.

formé. Les femmes, par un babillage & un commerce continuel avec tous ceux qui vont & viennent, font comme ces cailloux de toutes fortes de formes, qui, frottés les uns contre les autres, perdent leur rudesse, & prennent quelquefois le poli d'un diamant... Ce pays n'a rien de falique que la *Monarchie.* On y a cédé tout le reste aux femmes.

Comment trouvez-vous, monsieur, le battement de mon poulx? dit-elle. Il est aussi doux, lui dis-je, en la fixant tranquillement, que je me l'étois imaginé... Elle alloit me répondre. Mais François, en entrant, dit que le paquet de gants étoit fait. Où faut-il le porter?... A propos, dis-je, j'en voudrois avoir quelques paires.

CHAPITRE XXXIII.

Les Gants.

LA belle marchande se leve, passe derriere son comptoir, atteint un paquet & le délie. J'avance vis-à-vis d'elle : les gants étoient tous trop larges : elle les mesura l'un après l'autre sur ma main : cela ne les appétissoit pas. Elle me pria d'en essayer une paire qui ne lui paroissoit pas si grande que les autres... Elle en ouvrit un, & ma main y glissa tout d'un coup... Cela ne me convient pas, dis-je, en remuant un peu la tête. Non, dit-elle, en faisant le même mouvement.

Il y a de certains regards combinés qui, par le mélange des différentes sensations que donnent les humeurs, le bon sens, la gravité, la sottise & toutes les autres affections de l'ame, expliquent plus subtilement ce qu'on a à dire que tous les langages variés de la tour de Babel, ne pourroient l'exprimer.... Ils se communiquent & se saisissent avec une telle promptitude qu'on ne sait auquel des deux attribuer ce qu'ils ont de bon ou de dangereux.... Pour moi, je laisse à messieurs les dissertateurs le soin de grossir de ce sujet leurs agréables volumes... Il me suffit de répéter que les gants ne convenoient pas.... Nous repliâmes tous deux nos mains dans nos bras en nous appuyant sur le comptoir. Il étoit si étroit qu'il n'y avoit de place entre nous que pour le paquet de gants.

La jeune marchande regardoit quelquefois les gants, ensuite la fenêtre, puis les gants.... & jetoit de tems en tems les yeux sur moi.... Elle ne disoit mot, & je n'étois pas disposé à rompre le silence... Je suivois en tout son exemple. Mes yeux se portoient tour à tour sur elle, & sur la fenêtre & sur les gants.

Mais je perdis beaucoup dans toutes ces attaques d'imagination. Elle avoit des yeux noirs, vifs, qui dardoient leurs rayons à travers deux longues paupieres de ſoie, & ils étoient ſi perçans qu'ils pénétroient juſqu'à mon cœur.... Cela peut paroître étrange.... Mais je ne m'étois interdit que le voyage de Bruxelles.... Ah! Liſette, Liſette!

N'importe, dis-je, en prenant ſur le champ ma réſolution... Je vais m'accommoder de ces deux paires de gants.

On ne me les ſurfit pas d'un ſol, & je fus ſenſible à ce procédé. J'aurois voulu qu'elle eût demandé quelque choſe de plus, & j'étois embarraſſé de pouvoir le lui dire.... Croyez-vous, monſieur, me dit-elle, en dévinant mon embarras, que je voudrois demander ſeulement un ſol de trop à un étranger... & ſur-tout à un étranger dont la politeſſe, plus que le beſoin de gants, l'engage à prendre ce qui ne lui convient pas, & à ſe fier à moi? Eſt-ce que vous m'en auriez cru capable?... Moi? Non, je vous aſſure. Mais vous l'auriez fait que je vous l'aurois pardonné de tout mon cœur. . . . Je payai ; &, en la saluant un peu plus profondément que cela n'est d'usage, je la quittai ; & le garçon avec son paquet me suivit.

CHAPITRE XXXV.

La Traduction.

ON me mit dans une loge où il n'y avoit qu'un vieil Officier. J'aime les militaires dont les mœurs sont adoucies par une profession qui développe souvent les mauvaises qualités de ceux qui sont méchans. J'en ai connu un que la mort m'a enlevé depuis long-tems ; mais je me fais un plaisir de le nommer ; c'étoit le capitaine Shandy, le plus cher de tous mes amis. Je ne puis penser à la douceur & à l'humanité de ce brave homme, sans verser des larmes, & j'aime, à cause de lui, tout le corps des vétérans. J'enjambai sur le champ les deux bancs qui étoient derriere moi, pour me placer à côté de l'Officier qui étoit dans la loge.

Il lisoit attentivement une petite brochure qui étoit, probablement, une des pieces qu'on alloit jouer. Je fus à peine assis, qu'il ôta ses lunettes, les enferma dans un étui de chagrin, & mit le livre & l'étui dans sa poche. Je me levai à demi pour le saluer.

Qu'on traduise ceci dans tous les langages du monde : en voici le sens.

„ Voilà un pauvre étranger qui entre
„ dans la loge... Il a l'air de ne connoî-
„ tre personne, & il demeureroit sept ans
„ à Paris qu'il n'y connoîtroit qui que ce
„ soit, si tous ceux dont il approcheroit
„ tenoient leurs lunettes sur le nez....
„ C'est lui fermer la porte de la conver-
„ sation : ce feroit le traiter pire qu'un
„ Allemand ".

Le vieil Officier auroit pu dire tout cela à haute voix, & je ne l'aurois pas mieux entendu.... Je lui aurois, à mon tour, traduit en françois le ſalut que je lui avois fait : je lui aurois dit „ que j'étois ſen„ ſible à ſon attention, & que je lui en „ rendois mille graces ".

Il n'y a point de ſecret qui aide plus au progrès de la ſociabilité que de ſe rendre habile dans cette maniere abrégée de ſe faire entendre. On gagne beaucoup à pouvoir expliquer en termes intelligibles les regards, les geſtes & toutes leurs différentes inflexions. Je m'en ſuis fait une telle habitude, que je n'exerce preſque cet art que machinalement. Je ne marche point dans les rues de Londres, que je ne traduiſe tout du long du chemin, & je me ſuis ſouvent trouvé dans des cercles dont j'aurois pu rapporter, quoiqu'on n'y eût pas dit quatre mots, vingt converſations différentes, ou les écrire, ſans riſquer de dire quelque choſe qui n'auroit pas été vrai.

Un ſoir que j'allois au concert, comme je me préſentois à la porte pour entrer, la marquiſe de F. ſortoit de la ſalle avec une eſpece de précipitation, & elle étoit preſque ſur moi que je ne l'avois pas vue. Je fis un ſaut de côté pour la laiſſer paſſer. Elle fit de même & du même côté, & nos têtes ſe toucherent... Elle alla auſſi-tôt de l'autre côté, & un mouvement involontaire m'y porta, & je m'oppoſai encore innocemment à ſon paſſage... Cela ſe répéta encore malgré nous juſqu'au point de nous faire rougir... A la fin je fis ce que j'aurois dû faire dès le commencement, je me tins tranquille, & la marquiſe paſſa ſans difficulté. Je ſentis auſſi-tôt ma faute, & il n'étoit pas poſſible que j'entraſſe ſans la réparer autant qu'il me ſeroit poſſible. Pour cela je ſuivis la marquiſe des yeux juſqu'au bout du paſſage. Elle tourna deux fois les ſiens vers moi, & ſembloit marcher de façon à me faire juger qu'elle vouloit faire place à quelqu'autre qui voudroit paſſer.... Non, non, dis-je, c'eſt-là une mauvaiſe traduction. Elle a droit d'exiger que je lui faſſe des excuſes, & l'eſpace qu'elle laisse, n'est que pour me donner la facilité de lui en faire... Je cours donc à elle, & lui demande pardon de l'embarras que je lui avois causé, en lui disant que mon intention étoit de lui faire place... Elle dit qu'elle avoit eu le même dessein à mon égard.... & nous nous remerciâmes réciproquement. Elle étoit au haut de l'escalier, & ne voyant point d'Ecuyer près d'elle, je lui offris la main pour la conduire à sa voiture... Nous descendîmes l'escalier en nous arrêtant presqu'à chaque marche pour parler du concert qu'on alloit donner, & de notre aventure. Elle étoit déja dans son carrosse que nous en parlions encore. J'ai fait six efforts différens, lui dis-je, pour vous laisser passer... Et moi, j'en ai fait autant pour vous laisser entrer... Je voudrois bien, lui dis-je, que vous en fissiez un septieme... Très-volontiers, dit-elle, en me faisant place... La vie est trop courte pour s'occuper de tant de formalités.... Je montai dans la voiture, & je l'accompagnai chez elle...

Que devint le concert? Ceux qui y étoient le savent mieux que moi. Je ne veux qu'ajouter que la liaison agréable que je formai, me fit plus de plaisir que si l'on m'eût payé un million pour ma traduction.

CHAPITRE XXXVI.

Le Nain.

JE n'ai jamais oui dire que quelqu'un, si ce n'est une seule personne que je nommerai probablement dans ce chapitre, eût fait une remarque que je fis au moment même que je jettai les yeux sur le parterre. Je ne me souvenois même pas trop qu'on l'eût faite, & le jeu inconcevable de la nature, en formant un si grand nombre de nains, m'en frappa plus vivement. Elle se joue, sans doute, de tous les pauvres humains dans tous les coins de l'univers; mais à Paris, il semble qu'elle ne mette point de bornes à ses amusemens... La bonne déesse paroît aussi gaie qu'elle est sage.

J'étois à l'Opéra Comique ; mais toutes mes idées n'y étoient pas renfermées, & elles se promenoient dehors comme si j'y avois été moi-même... Je mésurois, j'examinois tous ceux que je rencontrois dans les rues. C'étoit une tâche mélancolique, sur-tout quand la taille étoit petite... le visage très-brun, les yeux vifs, le nez long, les dents gâtées, la mâchoire de travers... Je souffrois de voir tant de malheureux que la force des accidens avoit chassés de la classe où ils devoient être, pour les contraindre à faire nombre dans une autre... Les uns, à cinquante ans, paroissent à peine être des enfans par leur taille ; les autres étoient noués, rachitiques, bossus, ou avoient les jambes tortues. Ceux-ci étoient arrêtés dans leur croissance dès l'âge de six ou sept ans par les mains de la nature ; ceux-là ressembloient à des pommiers nains qui, dès leur premiere existence, font voir qu'ils ne parviendront jamais à la hauteur commune des autres arbres de la même espece.

Un médecin voyageur diroit, peut-être, que tout cela ne provient que de bandages mal faits & mal appliqués.... Un médecin sombre diroit que c'est faute d'air; & un voyageur curieux, pour appuyer ce systême, se mettroit à mesurer la hauteur des maisons, le peu de largeur des rues, & la petitesse extrême des bouges, où, au sixieme ou septieme étage, les gens du peuple mangent & couchent ensemble.

M. Shandy, qui avoit sur bien des choses, des idées fort extraordinaires, soutenoit, en causant un soir sur cette matiere, que les enfans pouvoient devenir fort grands, lorsqu'ils étoient venus au monde sans accident : mais, ajoutoit-il, en plaisantant, le malheur des habitans de *Paris* est d'être si étroitement logés, que je m'étonne qu'ils y trouvent assez de place pour faire même leurs enfans... Aussi que font-ils ? Des riens; car n'est-ce pas ainsi, après vingt-cinq ans de tendres soins & de bonne nourriture, qu'on doit appeller une chose qui n'est pas devenue plus haute que la jambe... M. Shandy, qui étoit toujours très-laconique, en resta là, & il ne dit rien des moyens qu'il y auroit de rendre les hommes plus géans que nains.

Je n'en dirai rien moi-même.... Ce n'est pas ici un ouvrage de raisonnement, & je m'en tiens à la fidélité de la remarque qui peut se vérifier dans toutes les rues & dans tous les carrefours de Paris. Je descendois un jour de la place du Palais-Royal, au Quai du Louvre, par la rue Froidmanteau, j'apperçus un petit garçon qui avoit de la peine à passer le ruisseau, & je lui tendis la main pour l'aider. Quelle fut ma surprise en jettant les yeux sur lui ! Le petit garçon avoit au moins quarante ans.... Mais il n'importe, dis-je.... Quelque autre bonne ame en fera autant pour moi, quand j'en aurai quatre-vingt-dix.

Je ſens en moi, je ne ſais quels principes d'égards & de compaſſion pour cette portion défectueuſe & diminutive de mon eſpece... Ils n'ont ni la force ni la taille pour ſe pouſſer & pour figurer dans le monde.... Je n'aime point qu'on les humilie... Et je ne fus pas ſi-tôt aſſis à côté de mon vieil officier, que j'eus le chagrin de voir qu'on ſe moquoit d'un boſſu au bas de la loge où nous étions.

Il y a, entre l'orcheſtre & la premiere loge de côté, un eſpace où beaucoup de ſpectateurs ſe réfugient, quand il n'y a plus de place ailleurs. On y eſt debout, quoiqu'on paie plus cher que dans l'orcheſtre. Un pauvre haire de cette eſpece, s'étoit gliſſé dans ce lieu incommode. Il étoit entouré de perſonnes qui avoient, au moins, deux pieds & demi plus que lui.. & le nain boſſu ſouffroit prodigieuſement: mais ce qui le gênoit le plus, étoit un homme de plus de ſix pieds de haut, épais à proportion, Allemand par deſſus tout cela, qui étoit préciſément devant lui, & lui déroboit abſolument la vue du théâtre & des acteurs. Mon nain faiſoit ce qu'il pouvoit pour jeter un coup-d'œil ſur ce qui ſe paſſoit ; il cherchoit à profiter des ouvertures qui ſe faiſoient quelquefois entre les bras de l'Allemand & ſon corps ; il guettoit d'un côté, étoit à l'affût de l'autre : mais ſes ſoins étoient inutiles ; l'Allemand ſe tenoit maſſivement dans une attitude quarrée. Il auroit été auſſi bien au fonds d'un puits. Fatigué, enfin, de ne point voir, il étendit en haut très-civilement ſa main juſqu'au bras du géant... & lui conta ſa peine... L'Allemand tourne la tête, jette en bas les yeux ſur lui, comme Goliath ſur David... & ſans ſentiment ſe remet dans ſa ſituation.

Je prenois en ce moment, une priſe de tabac dans la tabatiere de corne du bon moine... Ah ! votre eſprit doux & poli, mon cher P. Laurent, & qui eſt ſi bien modélé pour ſupporter & pour ſouffrir, auroit prêté une oreille complaiſante aux plaintes de ce pauvre nain !...

Le vieil officier me vit lever les yeux avec émotion en faisant cette apostrophe, & me demanda ce qu'il y avoit.

Je lui contai l'histoire en trois mots, en ajoutant que cela étoit inhumain.

Le nain étoit poussé à bout, & dans les premiers transports, qui sont, communément, déraisonnables, il dit à l'Allemand qu'il couperoit sa longue queue avec ses ciseaux.... L'Allemand le regarda froidement, & lui dit qu'il étoit le maître, s'il pouvoit y atteindre.

Oh ! quand l'injure est suivie de l'insulte, tout homme qui a du sentiment, prend le parti de celui qui est offensé, tel qu'il soit... Et j'aurois volontiers sauté en bas pour aller au secours de l'opprimé... Le vieil officier le soulagea avec beaucoup moins de fracas.... Il fit signe à la sentinelle, & lui montra le lieu où se passoit la scene. La sentinelle y pénétra.... Il n'y avoit pas besoin d'explication, la chose étoit visible... Le soldat fit reculer l'Allemand, & plaça le nain devant l'épais géant... Cela est bien fait ! m'écriai-je, en frappant des mains... Vous ne souffririez pas une chose semblable en Angleterre, dit le vieil officier.

En Angleterre, monsieur, lui dis-je, nous sommes tous assis à notre aise.

Il voulut apparemment me donner quelque satisfaction de moi-même, & me dit, voilà un bon mot... Je le regardai... & je vis bien qu'un bon mot a toujours sa valeur à Paris.... Il m'offrit une prise de tabac.

CHAPITRE XXXVII.

La Rose.

MON tour vint de demander au vieil officier ce qu'il y avoit..., J'entendois de tous côtés crier du parterre : *haut les mains, monsieur l'abbé*, & cela m'étoit tout aussi incompréhensible qu'il avoit peu compris ce que j'avois dit en parlant du moine.

Il me dit que c'étoit apparemment quelqu'abbé qui se trouvoit placé dans une loge derriere quelques grisettes, & que le parterre l'ayant vu, il vouloit qu'il tînt ses deux mains en l'air pendant la représentation....

Ah! comment soupçonner, dis-je, qu'un ecclésiastique puisse être un filou? l'officier sourit.... &, en me parlant à l'oreille, il m'ouvrit une porte de connoissances dont je n'avois pas encore eu la moindre idée.

Bon Dieu! dis-je en pâlissant d'étonnement, est-il possible qu'un peuple rempli de sentimens ait, en même tems, des idées si étranges, & qu'il se démente jusqu'à ce point?.... Quelle grossiereté! ajoutai-je.

L'officier me dit: c'est une raillerie piquante, qui a commencé au théâtre contre les ecclésiastiques, du tems que Moliere donna son tartuffe.... Mais cela se passe peu à peu avec le reste de nos mœurs gothiques.... Chaque nation, continua-t-il, a des rafinemens & des groſſiéretés, qui regnent pendant quelque tems, & ſe perdent par la ſuite.... J'ai été dans pluſieurs pays, & je n'en ai pas vu un ſeul où je n'aie trouvé des délicateſſes qui manquoient dans d'autres.... Le pour & le contre ſe trouvent dans chaque nation... Il y a une balance de bien & de mal par tout. Il ne s'agit que de la bien obſerver. C'eſt le vrai préſervatif des préjugés que le vulgaire d'une nation prend contre une autre.... Un voyageur a l'avantage de voir beaucoup & de pouvoir faire parallele des hommes & de leurs mœurs, & par-là il apprend à ſavoir vivre, & à nous entre-ſouffrir. Une tolérance réciproque, nous engage à nous entr'aimer... Il me fit, en diſant cela, une inclination, & me quitta.

Il me tint ce diſcours avec tant de candeur & de bon ſens, qu'il juſtifia les impreſſions favorables que j'avois eues de ſon caractere.... Je croyois aimer l'homme.... mais je craignois de me méprendre ſur l'objet.... Il venoit de tracer ma façon de penſer propre... Je n'aurois pas pu l'exprimer auſſi bien ; c'étoit la ſeule différence.

Rien n'eſt ſi incommode pour un cavalier que d'avoir un cheval entre ſes jambes qui dreſſe les oreilles, & fait des écarts à chaque objet qu'il apperçoit : cela m'inquiéte fort peu... Mais j'avoue franchement que j'ai rougi plus d'une fois pendant le premier mois que j'ai paſſé à Paris, d'entendre prononcer de certains mots, auxquels je n'étois pas accoutumé. Je croyois qu'ils étoient indécens, & ils me ſoulevoient.... Mais je trouvai le ſecond mois qu'ils étoient ſans conſéquence, & ne bleſſoient point la pudeur.

Madame de R. après ſix ſemaines de connoiſſance, me fit l'honneur de me mener avec elle, à deux lieues de Paris, dans ſa voiture... On ne peut être plus polie, plus vertueuſe, & plus modeſte qu'elle dans ſes expreſſions.... En revenant, elle me pria de tirer le cordon....

Avez-vous besoin de quelque chose ? lui dis-je... Rien que de... dit-elle... Une prude auroit déguisé la chose sous le nom de son petit tour.

Ami voyageur, ne troublez point madame de R.... Et vous, belles nymphes, qui faites les mystérieuses, allez cueillir des roses, effeuillez-les sur le sentier où vous vous arrêterez... Madame de R... n'en fit pas davantage... Je lui avois aidé à descendre de carrosse, & j'eusse été le prêtre de la chaste Castalie, que je ne me serois pas tenu dans une attitude plus décente & plus respectueuse près de sa fontaine.

CHAPITRE XXXVIII.

La Femme de Chambre.

CE que le vieil officier venoit de me dire ſur les voyages, me fit ſouvenir des avis que Polonius donnoit à ſon frere ſur le même ſujet; ces avis me rappellerent Hamlet; & Hamlet retraça à ma mémoire les autres ouvrages de Shakeſpear. J'entrai en retournant, dans la boutique d'un libraire, ſur le quai de Conti, pour acheter les Oeuvres de ce poëte Anglois.

Le libraire me dit qu'il n'en avoit pas de complettes. Comment, lui dis-je, en voilà un exemplaire ſur votre comptoir.

Cela eſt vrai, mais il n'eſt pas à moi... C'eſt M. le comte de B.... qui me l'a envoyé ce matin de Verſailles pour le faire relier.

Et que fait M. le comte de B.... de ce livre? lui dis-je. Eſt-ce qu'il lit Shakeſpear? Oh! dit le libraire, c'eſt un eſprit fort.... il aime les livres Anglois, & ce qui lui fait encore plus d'honneur, monſieur, c'eſt qu'il aime auſſi les Anglois.

En vérité, lui dis-je, vous parlez ſi poliment que vous forceriez preſque un Anglois par reconnoiſſance à dépenſer quelques louis dans votre boutique.

Le libraire fit une inclination, & alloit, probablement, dire quelque choſe, lorſqu'une jeune fille d'environ vingt ans, fort décemment miſe, & qui avoit l'air d'être au ſervice de quelque dévote à la mode, entra dans la boutique, & demanda *les Egaremens du cœur & de l'eſprit.* Le libraire les lui donna auſſi-tôt: elle tira de ſa poche une petite bourſe de ſatin vert, enveloppée d'un ruban de même couleur... Elle la délia, & mit dedans le pouce & le doigt avec délicateſſe, mais ſans affectation, pour prendre de l'argent, & paya. Rien ne me retenoit dans la boutique, & j'en ſortis avec elle.

Ma belle enfant, lui dis-je, quel beſoin

avez-vous des égaremens du cœur ? A peine ſavez-vous encore que vous en avez un... Juſqu'à ce que l'amour vous l'ait dit, ou qu'un berger infidele lui ait cauſé du mal... Dieu m'en garde ! répondit-elle. Oui, vous avez raiſon. Votre cœur eſt bon, & ce ſeroit dommage qu'on vous le déro-bât.... C'eſt pour vous un tréſor pré-cieux.... Il vous donne un meilleur air que ſi vous étiez parée de perles & de diamans.

La jeune fille m'écoutoit avec une attention docile, & elle tenoit ſa bourſe par le ruban. Elle eſt bien légere, lui dis-je en la ſaiſiſſant.... & auſſi-tôt elle l'avança vers moi.... Il y a bien peu de choſe de-dans, continuai-je. Mais ſoyez toujours auſſi ſage que vous êtes belle, & le ciel la remplira.... J'avois encore dans la main cinq ou ſix écus que j'avois pris pour ache-ter Shakeſpear ; elle m'avoit tout-à-fait laiſſé aller ſa bourſe, & j'y mis un écu. Je l'enveloppai du ruban, & je la lui rendis.

Elle

Elle me fit ſans parler une humble inclination... Je ne me trompai pas à ce qu'elle ſignifioit... C'étoit une de ces inclinations tranquilles & reconnoiſſantes, où le cœur a plus de part que le geſte. Le cœur ſent le bienfait, & le geſte exprime la reconnoiſſance. Je n'ai jamais donné un écu à une fille avec plus de plaiſir.

Mon avis ne vous auroit ſervi à rien, ma chere, ſans ce petit préſent... Mais quand vous verrez l'écu, vous vous ſouviendrez de l'avis... N'allez pas le dépenſer en rubans...

Je vous aſſure, monſieur, que je le conſerverai... & elle me donna la main.... Oui, monſieur, je le mettrai à part.

Une convention vertueuſe qui ſe fait entre homme & femme, ſemble ſanctifier toutes leurs démarches.... Il étoit déja tard & faiſoit obſcur; malgré cela, comme nous allions du même côté, nous n'eûmes point de ſcrupule d'aller enſemble le long du quai de Conti.

Elle me fit une ſeconde inclination en partant, & nous n'étions pas encore à vingt pas, que, croyant n'avoir pas aſſez fait, elle s'arrêta pour me remercier encore.

C'eſt un petit tribut, lui dis-je, que je n'ai pu m'empêcher de payer à la vertu... Je ſerois au déſeſpoir ſi la vertu de la perſonne ne répondoit pas à l'hommage que je viens de lui rendre.... Mais l'innocence, ma chere, eſt peinte ſur votre viſage.... Malheur à celui qui eſſaieroit de lui tendre des pieges !

Elle parut extrêmement ſenſible à ce que je lui diſois.... Elle fit un profond ſoupir.... Je ne lui en demandai pas la raiſon, & nous gardâmes le ſilence juſqu'au coin de la rue Guénégaud, où nous devions nous ſéparer.

Eſt-ce ici le chemin, lui dis-je, ma chere, de l'hôtel de Modêne? Oui.... mais on peut y aller auſſi par la rue de Seine.... Hé bien ! j'irai donc par la rue de Seine pour deux raiſons, d'abord parce que cela me fera plaisir, & ensuite pour vous accompagner plus long-tems.

En vérité, dit-elle, je souhaiterois que l'hôtel fût dans la rue des Saints-Peres.... C'est peut-être là que vous demeurez ? lui dis-je. Oui, monsieur, je suis femme-de-chambre de madame de R.... Bon Dieu ! m'écriai-je, c'est précisément la dame pour laquelle on m'a chargé d'une lettre à Amiens. Elle me dit que madame de R. attendoit effectivement un étranger qui devoit lui remettre une lettre, & qu'elle étoit fort impatiente de le voir.... Hé bien, ma chere enfant, dites-lui que vous l'avez rencontré. Assurez-la de mes respects, & que j'aurai l'honneur de la voir demain matin.

C'est au coin de la rue de Guénégaud, que nous disions tout cela... Nous étions arrêtés.... La jeune fille mit les deux volumes qu'elle venoit d'acheter dans ses poches, & je lui prêtai pour cela mon secours.

Qu'il eſt doux de ſentir la fineſſe des fils qui lient nos affections !

Nous nous remîmes encore en marche... Et nous n'avions pas fait trois pas, qu'elle me prit le bras... J'allois le lui dire, mais elle le fit d'elle-méme avec une ſimplicité peu réfléchie, & ſans ſonger qu'elle ne m'avoit jamais vu.... Pour moi, je crus ſentir vivement en ce moment les influences de ce qu'on appelle la force du ſang, que je la fixai pour voir ſi je ne pouvois pas trouver en elle quelque reſſemblance de famille.... Hé ! ne ſommes-nous pas, dis-je, tous parens ?

Arrivés au coin de la rue de Seine, je m'arrêtai pour lui dire adieu. Elle me remercia encore, & pour ma politeſſe, & pour lui avoir tenu compagnie. Nous avions quelque peine à nous ſéparer.... Cela ne ſe fit qu'en nous diſant adieu deux fois. Notre ſéparation étoit ſi cordiale, que je l'aurois ſcellée, je crois, en tout autre lieu, d'un baiſer auſſi ſaint, auſſi chaud que celui d'un Apôtre.

Mais à Paris, les baisers ne se donnent guere, du moins publiquement, qu'entre femmes, & qu'entre hommes....

Je fis mieux. Je priai Dieu de la bénir.

CHAPITRE XXXIX.

Le Passeport.

De retour à l'hôtel, La Fleur me dit qu'on étoit venu de la part de M. le lieutenant de police, pour s'informer de moi... Diable! dis-je, j'en sais la raison, & il est tems d'en informer le lecteur. J'ai omis de mettre cette partie de l'histoire dans l'ordre qu'elle est arrivée.... Je ne l'avois pas oubliée.... mais j'avois pensé, en écrivant, qu'elle seroit mieux placée ici.

J'étois parti de Londres avec une telle précipitation, que je n'avois pas songé que nous étions en guerre avec la France. J'étois déja arrivé à Douvres, déja je voyois, par le ſecours de ma lunette d'approche, les hauteurs qui ſont au-delà de Boulogne, que l'idée de la guerre ne m'étoit pas plus venue à l'eſprit que celle qu'on ne pouvoit pas aller en France ſans paſſeport.... Aller ſeulement au bout d'une rue, & m'en retourner ſans avoir rien fait, eſt pour moi, une choſe pénible. Le voyage que je commençois, étoit le plus grand effort que j'euſſe jamais fait pour acquérir des connoiſſances, & je ne pouvois ſupporter l'idée de retourner à Londres ſans remplir mon projet..... On me dit que le comte d'H. avoit loué le paquebot.... Il étoit logé dans mon auberge, j'étois légerement connu de lui, & j'allai le prier de me prendre à ſa ſuite. Il ne fit point de difficulté; mais il me prévint que ſon inclination à m'obliger ne pourroit s'étendre que juſqu'à Calais, parce qu'il étoit obligé d'aller de là à Bruxelles. Mais, arrivé à Calais, me dit-il, vous pourrez, ſans crainte, aller à Paris. Lorſque vous y ſerez, vous chercherez des amis pour pourvoir à votre ſûreté. M. le comte, lui dis-je, je me tirerai alors d'embarras.... Je m'embarquai donc, & je ne ſongeai plus à l'affaire.

Mais quand La Fleur me dit que M. le lieutenant de police avoit envoyé, je ſentis dans l'inſtant de quoi il étoit queſtion.... L'hôte monta preſque en même tems pour me dire la même choſe, en ajoutant qu'on avoit ſingulierement demandé mon paſſe-port. J'eſpere, dit-il, que vous en avez un.... Moi? Non, en vérité, lui dis-je, je n'en ai pas.

Vous n'en avez pas? & il ſe retira à trois pas, comme s'il eût craint que je ne lui communiquaſſe la peſte. La Fleur, au contraire, avança trois pas avec cette eſpece de mouvement que fait une bonne ame pour venir au ſecours d'une autre.... Le bon garçon gagna tout-à-fait mon cœur.... Ce ſeul trait me fit connoître ſon caractere auſſi parfaitement que s'il m'avoit déja ſervi avec zele pendant ſept ans; & je vis que je pouvois me fier entierement à sa probité & à son attachement....

Mylord ! .... s'écria l'hôte... Mais se reprenant aussi-tôt, il changea de ton.... Si monsieur, dit-il, n'a pas de passeport, il a, apparemment, des amis à Paris qui peuvent lui en procurer un.... Je ne connois personne, lui dis-je avec un air indifférent. Hé bien, monsieur, en ce cas-là, dit-il, vous pouvez vous attendre à vous voir fourer à la Bastille, ou, pour le moins au Châtelet... Oh ! dis-je, je ne crains rien. Le Roi est rempli de bonté. Il ne fait de mal à personne... Vous avez raison, mais cela n'empêchera pourtant pas qu'on ne vous mette à la Bastille demain matin.... J'ai loué, repris-je, votre appartement pour un mois, & je ne le quitterai pas avant le tems, quand le Roi même me le diroit.....

La Fleur vint me dire à l'oreille : monsieur, mais personne ne peut s'opposer au Roi....

Parbleu, dit l'hôte, il faut avouer que

ces messieurs Anglois sont des gens bien extraordinaires, & il se retira en grommelant.

CHAPITRE XL.

Le Sansonnet.

JE ne montrai tant d'assurance à l'hôte, que pour ne point chagriner La Fleur. J'affectai même de paroître plus gai pendant le souper, & de causer avec lui d'autres choses. Paris & l'opéra comique étoient déja pour moi un sujet inépuisable de conversation. La Fleur, sans que je le susse, avoit aussi vu le spectacle, & il m'avoit suivi en sortant jusqu'à la boutique du libraire. Il ne m'avoit quitté de vue que quand il apperçut que je causois avec la jeune fille, & que j'allois avec elle le long du quai. Les réflexions qui lui vinrent sur cette entrevue, l'empêcherent de me suivre. Il prit le chemin le plus court pour revenir à l'hôtel, & il avoit appris toute l'affaire de la Police avant que j'arrivasse.

Il n'eut pas sitôt ôté le couvert, que je lui dis de descendre pour souper... Je me livrai alors aux plus sérieuses réflexions sur ma situation.

Oh! c'est ici, mon cher ami, qu'il faut que je vous rappelle la conversation que nous eûmes ensemble presque au moment de mon départ.

Vous saviez que je n'étois pas plus chargé d'argent que de réflexion. Vous me demandâtes combien j'avois. Je vous montrai ma bourse... Hé! mon cher Yorick, tu t'embarques avec si peu de chose.... Tiens, tiens, augmente tes guinées de toutes celles que j'ai.... Mais j'en ai assez des miennes.... Je t'assure que non. Je connois mieux que toi le pays où tu vas voyager. Cela peut être, mais je ne suis pas comme un autre. Je ne ferai pas trois jours à Paris sans faire quelque étourderie qui me fera mettre à la Bastille, où je vivrai un ou deux mois entierement aux dépens du Roi.... Oh ! j'avois réellement oublié cette ressource, me dites-vous séchement....

L'événement dont j'avois badiné, alloit probablement se réaliser...

Mais, soit folie, indifférence, philosophie, opiniâtreté, ou je ne sais quelle autre cause, j'eus beau réfléchir sur cette affaire, je ne pus y penser que de la même maniere dont j'en avois parlé au moment de mon départ.

La Bastille?... Mais la terreur est dans le mot... Et, qu'on en dise ce qu'on voudra, ce mot ne signifie autre chose qu'une tour... & une tour ne veut rien dire de plus qu'une maison dont on ne peut pas sortir... Que le Ciel soit favorable aux goutteux !... Mais, ne sont-ils pas dans ce cas deux fois l'an ?... Oh ! avec neuf francs par jour, des plumes, de l'encre, du papier & de la patience, on peut bien garder la maison pendant un mois ou six semaines sans sortir. Que craindre quand on n'a point fait de mal ?... On n'en sort que meilleur & plus sage... Il seroit à souhaiter que toutes nos imprudences tournassent aussi favorablement : c'est gagner au lieu d'être puni.

La tête pleine de ces réflexions, enchanté de mes idées & de mon raisonnement, je descendis dans la cour pour prendre l'air. Je déteste, me disois-je, les pinceaux sombres, & je n'envie point l'art triste de peindre les maux de la vie avec des couleurs aussi noires. L'esprit s'effraie d'objets qu'il s'est grossis, & qu'il s'est rendu horribles à lui-même ; dépouillez-les de tout ce que vous y avez ajouté... On n'en fait aucun cas... Je sais cependant, continuai-je, que la Bastille est un désagrément... Mais ôtez-lui ses tours, comblez ses fossés, ouvrez ses portes, figurez-vous que ce n'est simplement qu'un asyle de contrainte, & supposez que c'est quelque infirmité qui vous y retient ; alors le mal s'évanouit, & vous le souffrez sans vous plaindre... Je me disois tout cela, quand je fus interrompu au milieu de mon soliloque par une voix qui se plaignoit de ce qu'on ne pouvoit sortir. Je regardai sous la porte cochere... Je ne vis personne, & je revins dans la cour sans faire la moindre attention à ce que j'avois entendu....

Mais à peine y fus-je revenu, que la même voix répéta deux fois les mêmes expressions... Je levai les yeux, & je vis qu'elles venoient d'un Sansonnet qui étoit renfermé dans une petite cage.... *Je ne peux pas sortir, je ne peux pas sortir...* disoit le Sansonnet.

Je me mis à contempler l'oiseau. Plusieurs personnes passerent sous la porte, & il leur fit les mêmes plaintes de sa captivité en volant de leur côté dans sa cage... *Je ne peux pas sortir*... Oh! je vais à ton aide, m'écriai-je... Je te ferai sortir, coûte qu'il coûte... La porte de la cage étoit du côté du mur, mais elle étoit si fortement entrelassée avec du fil d'archal, qu'il étoit impossible de l'ouvrir ſans mettre la cage en morceaux... J'y mis les deux mains.

L'oiſeau voloit d'un endroit à l'autre... Il paſſoit ſa tête à travers le treillis, & y preſſoit ſon eſtomac comme s'il étoit impatient.... Je crains bien, pauvre petit captif, lui diſois-je, de ne pouvoir te rendre la liberté... Non.... dit le Sanſonnet, je ne peûx pas ſortir.... Je ne peux pas ſortir...

Jamais mes affections ne furent plus tendrement agitées... Jamais dans ma vie aucun accident ne m'a rappellé plus promptement mes eſprits diſſipés par un foible raiſonnement. Les notes n'étoient proférées que machinalement; mais elles étoient ſi conformes à la nature, qu'elles renverſerent en un inſtant tout mon plan ſyſtématique ſur la Baſtille; &, le cœur appeſanti, je remontai l'eſcalier avec des penſées bien différentes de celles que j'avois eues en deſcendant...

Déguiſe-toi comme tu voudras, tranquille eſclavage, diſois-je, tu n'ès qu'une coupe amere; &, quoique des millions de mortels dans tous les ſiecles aient goûté de ta liqueur, tu n'en ès pas moins déſagréable. C'eſt toi, ô! charmante déeſſe, que tout le monde adore en public ou en ſecret. C'eſt toi, aimable liberté, qui ès délicieuſe, & qui le ſeras toujours juſqu'à ce que la nature ſoit changée.... Nulle teinture ne peut ternir ta robe de neige... Il n'y a point de puiſſance chymique qui puiſſe changer ton ſceptre en fer.... Le berger qui jouit de tes faveurs eſt plus heureux, en mangeant ſa croûte, que le monarque de la cour duquel il eſt exilé... Ciel! m'écriai-je en tombant à genoux ſur la derniere marche de l'eſcalier, accorde-moi, avec la ſanté, la liberté pour compagne... & verſe des mitres ſur la tête de ceux qui les ambitionnent...

CHAPITRE XLI.

Le Captif.

L'IDÉE du sansonnet en cage me suivit jusques dans ma chambre... Je m'approchai de la table, &, la tête appuyée sur ma main, toutes les peines d'une prison se retracerent à mon esprit... J'étois disposé à réfléchir, & je donnai carriere à mon imagination.

Je commençai à considérer combien il y avoit de millions d'ames qui gémissoient dans l'esclavage.... Mais cette peinture, quelque touchante qu'elle fût, ne rapprochoit pas assez les idées de la situation où j'étois; & la multitude de ces tristes groupes ne faisoit que me distraire....

Je me représentai donc un seul captif renfermé dans un cachot... Je le regardai à travers de sa porte grillée pour faire son portrait à la faveur de la lueur sombre qui éclairoit son triste souterrain.

Je considérai son corps à demi usé par l'ennui de l'attente & de la contrainte, & je sentis cette espece de maladie de cœur qui provient de l'espoir différé.... Je le vis, en l'examinant de plus près, presqu'entiérement défiguré : il étoit pâle & miné par la fievre... Depuis trente ans, son sang n'avoit point été rafraîchi par le vent oriental. Il n'avoit vu ni le soleil ni la lune, pendant tout ce tems... Ni amis, ni parens ne lui avoient fait entendre les doux sons de leurs voix à travers ses grilles... Ses enfans...

Mon cœur commença à saigner... Je détournai les yeux... & un instant après mon imagination se le représenta assis sur un peu de paille dans le coin le plus reculé du cachot. C'étoit alternativement son lit & sa chaise... Il avoit la main sur un calendrier, qu'il s'étoit fait avec des petits bâtons, où il avoit marqué par des entailles, les tristes jours qu'il avoit passé dans cet affreux séjour... Il prit de ces petits bâtons, & avec un clou rouillé il ajouta, par une entaille, un autre jour au nombre de ceux qui étoient passés.... J'obscurcissois le peu de lumiere qu'il avoit... Il leva des yeux langoureux vers la porte... sécoua la tête, & continua son funeste travail. Ses chaînes, en mettant son petit bâton sur le tas des autres, se firent entendre.... Il poussa un profond soupir... Son ame étoit toute remplie d'amertume... Ciel! ô Ciel! m'écriai-je en fondant en larmes... Je ne pus soutenir l'idée de cet affreux tableau... Je me levai en sursaut... J'appellai La Fleur, & je lui ordonnai d'avoir le lendemain matin un carrosse de remise à neuf heures précises...

J'irai, dis-je, me présenter directement à monsieur le duc de C...

La Fleur m'auroit volontiers aidé à me mettre au lit... Mais je connoissois sa sensibilité, & je ne voulus pas lui faire voir mon air triste & sombre : je lui dis que je me coucherois seul.

CHAPITRE XLII.

Anecdotes.

JE montai dans mon carroſſe à l'heure indiquée. La Fleur ſe mit derriere, & je dis au cocher de me mener à Verſailles le plus grand train qu'il pourroit.

Le chemin ne m'offrit rien de ce que je cherche ordinairement en voyageant. Je pourrois, pourtant, auſſi bien qu'un autre, donner la deſcription de Chaillot, de Paſſy, des Bons-Hommes, de Sêvres, de Viroflay, & des autres endroits que j'ai vus en courant... Mais j'aime mieux remplir le vuide par l'hiſtoire abrégée de mon ſanſonnet. C'eſt un abrégé hiſtorique qu'il y aura de plus... Qu'y faire?

Mylord L. attendoit un jour que le vent devînt favorable pour paſſer de Douvres à Calais... Son laquais, en ſe promenant ſur les hauteurs, attrapa le ſanſonnet avant qu'il pût voler. Il le mit dans son sein, le nourrit, le prit en affection & l'apporta à Paris.

Son premier soin, en arrivant, fut de lui acheter une cage qui lui coûta vingt-quatre sols. Il n'avoit pas beaucoup d'affaires ; & pendant les cinq mois que son maître resta à Paris, il apprit au sansonnet les quatre mots auxquels j'ai tant d'obligation.

Lorsque mylord partit pour l'Italie, son laquais donna le sansonnet & la cage à l'hôte. Mais son petit patois en faveur de la liberté étant étranger, on ne faisoit guères plus de cas de ce qu'il disoit que de lui.... La Fleur offrit une bouteille de vin à l'hôte, & l'hôte lui donna le sansonnet & la cage.

Je l'emportai avec moi, & lui fis revoir son pays natal... Je racontai son histoire au lord A.... & le lord A... me pria de lui donner l'oiseau.... Quelques semaines après il en fit présent au lord B. le lord B. le donna au lord C. l'écuyer du du lord C. le vendit au lord D. pour un ſchelling, & le lord D. le donna au lord E. & mon ſanſonnet fit ainſi le tour de la moitié de l'alphabet parmi les mylords. De la Chambre des Pairs il paſſa dans la Chambre des Communes, où il ne trouva pas moins de maîtres : mais, comme tous ces meſſieurs vouloient entrer dedans... & que le ſanſonnet, au contraire, ne demandoit qu'à ſortir, il fut preſqu'auſſi mépriſé à Londres qu'à Paris.... Voilà ſouvent ce que produit la manie de ne pas penſer comme les autres...

Pluſieurs de mes lecteurs ont aſſurément entendu parler de lui... Et ſi quelqu'un par haſard l'a vu, je le prie de ſe ſouvenir qu'il m'a appartenu... Je ne l'ai plus.. Mais je le porte pour cimier de mes armoiries... Que les héraults d'armes lui tordent le col s'ils l'oſent...

CHAPITRE XLIII.

Le Placet.

JE ne voudrois pas, quand je vais implorer la protection de quelqu'un, que mon ennemi vît la ſituation de mon eſprit.... C'eſt cette raiſon qui fait que je ſuis ordinairement mon propre protecteur... Mais c'étoit par force que je m'adreſſois à monſieur le duc de C... ſi ç'eût été une action de choix, je ne l'aurois pas faite autrement, du moins, à ce que je m'imagine, que toutes les autres.

Combien de formes de placets de la tournure la plus baſſe ne me vinrent-elles pas dans l'idée pendant tout le chemin? Je méritois d'aller à la Baſtille pour chacune de ces tournures.

Arrivé à la vue de Verſailles, je voulus m'occuper à raſſembler des mots, des maximes... J'eſſayai de prendre des attitudes, des tons pour tâcher de plaire à monſieur le duc. Bon! diſois-je, j'y ſuis : ceci ſera l'affaire. Oui, tout auſſi bien qu'un habit qu'on lui auroit fait ſans lui prendre la meſure. Sot! continuai-je en m'apoſtrophant, ne vous étudiez pas tant. Ce n'eſt pas en vous-même qu'il faut prendre ce que vous avez à dire... Voyez, monſieur le duc de C... obſervez ſon viſage... vous y lirez ſon caractere... remarquez ſon attitude... & le premier mot qu'il vous dira vous fera ſaiſir le ton qu'il faut prendre. Vous compoſerez ſur le champ votre harangue de l'aſſemblage de toutes ces choſes : elle ne pourra lui déplaire : c'eſt lui qui en aura fourni les ingrédiens.

Hé bien, dis-je, je voudrois déja avoir fait le pas. Lâche! un homme n'eſt-il donc pas égal à un autre ſur toute la ſurface du globe? Cela eſt ainſi dans un champ de bataille... Pourquoi cela ne ſeroit-il pas de même face à face dans le cabinet? Croyez-moi, Yorick, un homme qui ne prend pas cette noble assurance, se manque à lui-même, se dégrade & dément ses propres ressources... Si vous vous présentez au duc avec la crainte de la Bastille dans vos regards & sur toute votre physionomie... Soyez assuré que vous serez renvoyé à Paris en moins d'une heure sous bonne escorte...

Ma foi, dis-je, je le crois ainsi... Hé bien, j'irai au duc avec toute l'assurance & toute la gaieté possible...

Vous vous égarez encore, me dis-je. Un cœur tranquille ne tombe pas dans des extrêmes... Il se possede toujours...

A merveille!.. oh! c'est de cette derniere façon qu'il faut que je paroisse.

Mon carrosse rouloit alors dans les cours, & quand il s'arrêta, je me trouvai par la leçon que je venois de me donner, aussi calme qu'on peut l'être. Je ne montai l'escalier ni avec cet air craintif qu'ont les victimes de la justice, ni avec cette humeur vive & badine qui m'anime toujours, quand je te vais voir, Lisette.

Dès

Dès que je parus dans le salon, une personne vint au devant de moi... Je ne sçais si c'est le maître d'hôtel ou le valet de chambre... Peut-être étoit-ce quelque sous-secrétaire. Elle me dit que monsieur le duc de C... travailloit. J'ignore, lui dis-je, comment il faut s'y prendre pour obtenir audience... Je suis étranger, & ce qui est encore pis dans la conjoncture des affaires présentes, c'est que je suis Anglois... Elle me répondit que cette circonstance ne rendoit pas la chose plus difficile... Je lui fis une légere inclination. Monsieur, lui dis-je, ce que j'ai à communiquer à monsieur le duc est fort important... Il regarda aussi-tôt de côté & d'autre pour voir apparemment s'il n'y avoit personne qui pût en avertir le ministre. Je retournai à lui... Je ne veux pas, monsieur, lui dis-je, causer ici de méprise... Ce n'est pas pour monsieur le duc que l'affaire dont j'ai à lui parler, est importante; c'est pour moi... Oh! c'est une autre affaire, dit-il. Non, monsieur, repris-je, je suis sûr que c'est la même chose que pour monsieur le duc... Cependant je le priai de me dire quand je pourrois avoir accès. Dans deux heures, dit-il. Le nombre des équipages qui étoient dans la cour, sembloit justifier ce calcul... Que faire pendant ce tems-là? se promener en long & en large dans une salle d'audience, ne me paroissoit pas un passe-tems fort agréable... Je descendis & j'ordonnai au cocher de me mener au cadran bleu.

Mais tel est mon destin... Il est rare que j'aille à l'endroit que je me propose.

CHAPITRE XLIV.

Les petits patés.

JE n'étois pas à moitié chemin de l'auberge, qu'une autre idée que celle d'y aller me vint à l'esprit. Je tirai le cordon, & je dis au cocher de me promener par les rues pour voir la ville. Cela sera bientôt fait, ajoutai-je, car je suppose qu'elle n'est pas grande... Elle n'est pas grande! Pardonnez-moi, monsieur, elle est fort grande & même fort belle. La plupart des seigneurs y ont des hôtels... Oh! oh!... A ce mot d'hôtels je me rappellai tout-à-coup le comte de B. dont le libraire m'avoit tant dit de bien... Hé pourquoi n'irois-je pas chez un homme qui a une si haute idée des livres Anglois & des Anglois mêmes? Je raconterois mon aventure, & peut-être... Je changeai donc d'avis une seconde fois... à bien compter même c'étoit la troisieme. J'avois eu d'abord envie d'aller chez madame de R. rue des Saints Peres... J'avois chargé sa femme de chambre de l'en avertir... Mais ce n'est pas moi qui regle les circonstances; ce sont les circonstances qui me gouvernent. J'apperçus de l'autre côté de la rue un homme qui portoit un panier, & paroissoit avoir quelque chose à vendre... Je dis à La Fleur d'aller lui demander où demeuroit le comte de B...

La Fleur revint précipitamment, & avec un air qui peignoit la surprise ; il me dit que c'étoit un chevalier de Saint Louis qui vendoit des petits pâtés.... Quel conte ! lui dis-je : cela est impossible. Je ne puis, monsieur, vous expliquer la raison de ce que j'ai vu : mais cela est. J'ai vu la croix & le ruban attaché à la boutonniere.... J'ai jeté les yeux sur le panier, & j'ai vu des petits pâtés, & il y en a trop pour qu'ils ne soient pas à vendre.

Un tel revers dans la vie d'un homme réveille dans une ame sensible un autre principe que la curiosité.... Je l'examinai quelque tems de dedans mon carosse.... Plus je l'examinois, plus je le voyois avec sa croix & son panier, & plus mon esprit & mon cœur s'échauffoient.... Je descendis de la voiture, & je dirigeai mes pas vers lui.

Il étoit entouré d'un tablier blanc qui tomboit au-dessous de ses genoux. Sa croix pendoit au-dessus de sa veste. Son panier rempli de petits pâtés étoit couvert d'une serviette ouvrée. Il y en avoit une autre au fond; & tout cela étoit si propre, que l'on pouvoit acheter ses petits pâtés, aussi bien par appétit que par sentiment.

Il ne les offroit à personne : mais il se tenoit tranquille dans l'encoignure d'un hôtel, dans l'espoir qu'on viendroit les prendre.

Il étoit âgé d'environ cinquante ans.... d'une physionomie calme, mais un peu grave.... Cela ne me surprit pas.... Je m'adressai au panier plutôt qu'à lui.... Je levai la serviette, & pris un petit pâté, en le priant d'un air touché de m'expliquer cet étrange phénomene.

Il me dit en peu de mots qu'il avoit passé sa jeunesse au service, & qu'il avoit obtenu une compagnie & la croix... Mais qu'ayant été réformé après la précédente guerre, il n'avoit pu avoir d'emploi dans celle-ci, & qu'il se trouvoit dans le monde sans amis, sans argent, & sans autre bien que ſa Croix.... Il me faiſoit pitié : mais il gagna mon eſtime en achevant ce qu'il avoit à me dire.

Le Roi eſt un prince auſſi bon que généreux.... mais il ne peut récompenſer ni ſoulager tout le monde ; mon malheur eſt de me trouver de ce nombre.... Je ſuis marié... ma femme que j'aime, & qui m'aime, a cru pouvoir mettre à profit le petit talent qu'elle a de faire de la pâtiſſerie, & j'ai penſé, moi, qu'il n'y avoit point de déshonneur à nous préſerver tous deux des horreurs de la diſette en vendant ce qu'elle fait.

Je priverois les ames ſenſibles d'un plaiſir, ſi je ne leur racontois pas ce qui arriva à ce pauvre chevalier de Saint-Louis huit ou neuf mois après.

Il ſe tenoit ordinairement près de la grille du Château. Il fut remarqué par pluſieurs perſonnes qui eurent la même curioſité que moi, & il leur raconta la même hiſtoire avec la même modeſtie qu'il me l'avoit racontée. Le Roi en fut informé.

Il ſut que c'étoit un brave officier qui avoit eu l'eſtime de tout ſon corps, & il lui donna une penſion de quinze cent livres.

Aimable bienfaiſance ! ſur quels cœurs n'as-tu pas des droits ? Je n'ai jamais raconté ce trait qu'il n'ait fait verſer des larmes de ſenſibilité. Peuple heureux ! heureux ſouverain ! . . . .

CHAPITRE XLV.

L'Epée.

JE fus auſſi vivement touché d'une hiſtoire qui arriva à Rennes, pendant le tems que j'y étois ?

Je ne ſais point quelles étoient les cauſes qui avoient inſenſiblement ruiné la maiſon d'E. . . . en Bretagne. Le marquis d'E. . . . avoit lutté avec beaucoup de fermeté contre les adverſités de la fortune. Il avoit encore montré avec quelque éclat ce qu'avoient été ſes ancêtres.... Mais il ſe trouva enfin forcé de ſe condamner à l'obſcurité : à peine avoit-il de quoi vivre.... Ses deux fils ſembloient lui demander quelque choſe de plus que le pur ſoutien de la vie ; & il croyoit qu'ils méritoient un meilleur ſort. Il avoit eſſayé de la voie des armes, mais inutilement.... Pour les avancer dans cette carriere, il falloit faire des dépenſes qui étoient au-deſſus de ſes moyens. Le peu de bien qui lui reſtoit exigeoit l'économie la plus exacte. Il n'y avoit donc pour lui qu'une reſſource, & c'étoit le commerce....

Mais n'étoit-ce pas flétrir pour toujours la racine du petit arbre que ſon orgueil & ſon affection vouloient voir refleurir ? .... Heureuſement que la Bretagne a conſervé le privilege de ſecouer le joug de ce préjugé. Il s'en ſervit. Les Etats étoient aſſemblés à Rennes. Suivi un jour de ſes deux fils, il parut au théâtre, & fit valoir, avec dignité, la faveur d'une ancienne loi du duché qui, quoique rarement réclamée, n'en fubfiftoit pas moins dans toute fa force. Il ôta fon épée de fon côté. La voici, dit-il, prenez-la : foyez-en les dépofitaires jufqu'à ce qu'une meilleure fortune me mette en état de la reprendre, & de m'en fervir avec honneur.

Le préfident accepta l'épée.... Le marquis la vit dépofer dans les archives de fa maifon, & fe retira.

Il s'embarqua le lendemain avec toute fa famille pour la Martinique..... Une application affidue au commerce pendant dix-neuf ou vingt ans, & quelques legs inattendus de branches éloignées de fa maifon, lui rendirent de quoi foutenir fa nobleffe, & il revint chez lui pour reclamer fon épée.

J'eus le bonheur de me trouver à Rennes le jour de cet événement folemnel. C'eft ainfi que je l'appelle. Quel autre nom pourroit lui donner un voyageur Sentimental, Malheur à ceux pour qui ces fcenes font indifférentes!

Le marquis tenant par la main une épouse respectable, parut avec modestie au milieu de l'assemblée. Son fils aîné conduisoit sa sœur.... Le cadet étoit à côté de sa mere.... Un mouchoir cachoit les larmes de ce bon pere.

Le silence le plus profond régnoit dans toute l'assemblée.... Le marquis remit sa femme aux soins de son fils cadet & de sa fille, & avança six pas vers le président, & lui redemanda son épée. On la lui rendit. Il ne l'eut pas sitôt qu'il la tira presque toute entiere hors du foureau... C'étoit la face brillante d'un ami qu'il avoit perdu de vue depuis quelque tems.... Il l'examina attentivement, comme pour s'assurer que c'étoit la même... Il apperçut un peu de rouille vers la pointe.... Il la porta plus près de ses yeux, & je vis tomber une larme sur l'endroit rouillé.

Je trouverai, dit-il, quelque autre moyen pour l'ôter.

Il la remit dans le foureau, remercia ceux qui en avoient été les dépositaires, &

ſe retira avec ſon épouſe, ſa fille & ſes deux fils.

Je lui envoiois ſes ſenſations.

CHAPITRE XLVI.

Moyen de ſe nommer.

J'ENTRAI chez monſieur le comte de B.... ſans eſſuyer la moindre difficulté. Il feuilletoit les ouvrages de Shakeſpear, qui étoient ſur ſon ſecrétaire, & je lui fis juger par mes regards que je les connoiſſois. Je ſuis venu, lui dis-je, ſans introducteur, parce que je ſavois que je trouverois dans votre cabinet un ami qui m'introduiroit auprès de vous. Le voilà, c'eſt le grand Shakeſpear, mon divin compatriote.... Eſprit ſublime, m'écriai-je, fais-moi cet honneur-là.

Le comte ſourit de la ſingularité de cette maniere de ſe préſenter.... Il s'apperçut à mon air pâle que je ne me portois pas bien, & me pria aussi-tôt de m'asseoir. J'obéis, & pour lui épargner des conjectures sur une visite qui n'étoit certainement pas faite dans les regles ordinaires, je lui racontai naïvement ce qui m'étoit arrivé chez le libraire, & comment cela m'avoit enhardi à venir le trouver plutôt que tout autre, pour lui faire part du petit embarras où je m'étois plongé. Quel est votre embarras? me dit-il avec un air d'inquiétude.

Je lui dis de quoi il s'agissoit. Mon hôte, ajoutai-je, M. le comte, m'assure qu'on me mettra à la Bastille. Et vous craignez que cela ne vous arrive? Je ne crains rien, lui dis-je, je suis au milieu du peuple le plus poli de l'univers; & ma conscience me dit que je suis integre.... Je ne suis point venu pour jouer ici le rôle d'espion, ni pour y observer les ornemens ou la nudité de la terre, & les François sont trop honnêtes & trop généreux pour me faire du mal.

Le comte rougit & rit de mon discours....

ne craignez rien.... dit-il! Moi? non, monsieur. D'ailleurs je suis venu en riant depuis Londres jusqu'à Paris, & je ne crois pas que M. le duc de C... soit assez ennemi de la joie pour me renvoyer en pleurs.

Je me suis adressé à vous, monsieur le comte, ajoutai-je en lui faisant une profonde inclination, pour vous engager à le prier de ne pas faire cet acte de cruauté.

Le comte m'écoutoit avec un grand air de bonté.... Sans cela j'aurois moins parlé..... Il s'écria une ou deux fois : cela est bien dit.... Cependant la chose en resta là, & je ne voulus plus en parler.

Il changea même de discours; nous parlâmes de choses indifférentes, de livres, de nouvelles, de politique, des hommes... & puis des femmes. Que Dieu bénisse tout le beau sexe! lui dis-je; personne ne l'aime plus que moi. Après tous les foibles que j'ai vus aux femmes, & toutes les satyres que j'ai lues contre elles, je les aime encore.... Je suis fermement persuadé qu'un homme qui n'a pas une espece d'affection pour elles toutes, n'en peut pas aimer une seule comme il le doit.

Eh bien ! monsieur l'Anglois, me dit gaiement le comte, voyons. Vous n'êtes pas venu ici, dites-vous, pour espionner les ornemens ou la nudité de la terre... ni celle de nos femmes, apparemment. Mais si par hasard vous en trouviez quelques-unes sur votre chemin, qui se présentassent ainsi à vos yeux, dites-moi : la vue de ces objets vous effraieroit-elle ?

Il y a quelque chose en moi qui se révolte à la moindre idée indécente. Je me suis souvent efforcé de surmonter cette répugnance, & ce n'est qu'avec beaucoup de peine que j'ai hasardé de dire dans un cercle de femmes des choses dont je n'aurois pas osé risquer une seule dans le tête-à-tête, m'eût-elle conduit au bonheur.

Excusez-moi, M. le comte, lui dis-je. Si un pays aussi florissant ne m'offroit qu'une terre nue, je jetterois les yeux dessus en pleurant.... Pour ce qui eſt de la nudité des femmes, continuai-je en rougiſſant de l'idée qu'il avoit excitée en moi, j'obſerve ſi ſcrupuleuſement l'Evangile, je m'attendris tellement ſur leurs foibleſſes, que ſi j'en trouvois dans cet état, je les couvrirois d'un manteau, pourvu que je ſuſſe comment il faudroit m'y prendre... Mais je l'avoue : je voudrois bien voir la nudité de leurs cœurs, & tâcher, à travers les différens déguiſemens des coutumes, du climat, de la religion & des mœurs, de modéler le mien ſur ce qu'il y a de bon.... C'eſt pour cela, M. le comte, que je ſuis venu à Paris, & que je n'ai pas encore été voir le Palais Royal, le Luxembourg, la façade du Louvre.... Je n'ai point acheté le catalogue des tableaux, des ſtatues, des égliſes. Tout être humain, eſt un temple pour moi, & j'aimerois mieux y diſtinguer les traits originaux, les légers coups de pinceau qui s'y trouvent, que de voir le fameux tableau de la transfiguration de Raphaël.

L'envie de connoître les hommes m'a amené en France, & me conduira probablement plus loin.... C'est un voyage tranquille que le cœur fait à la poursuite de la nature & des sensations qu'elle fait éprouver, & qui nous portent à nous entr'aimer un peu mieux que nous ne faisons.

M. le comte me dit des choses fort polies à ce sujet. Mais à propos, continua-t-il, savez-vous, monsieur, que je suis fâché contre Shakespear, de ce qu'en me faisant faire connoissance avec vous, il ne m'a point dit qui vous étiez? Il est si rempli de ses vastes idées, qu'il a oublié de vous nommer... Et vous voilà dans la nécessité de vous nommer vous-même....

Rien ne m'embarrasse plus que d'être obligé de dire qui je suis..... Je parle plus aisément d'un autre que de moi-même, & quand je suis forcé d'en dire quelque chose, je souhaite toujours pouvoir le faire en un seul mot. Je crois qu'on n'a jamais assez tôt fini quand on parle de soi. J'eus ici une fort belle occasion d'être laconique sur mon compte. Shakespear étoit sous mes yeux. Je me souvins que mon nom étoit dans la tragédie d'Hamlet ; je cherchai la fameuse & ridicule scene des Fossoyeurs, au cinquieme acte, & posant le doigt sur le nom d'Yorick.... M. le comte, regardez.... Hé bien ? Je vois qu'il y a là Yorick.... Précisément, & Yorick, c'est moi.

Il importe peu de savoir si la réalité de ma personne avoit effacé ou non de l'esprit du comte l'idée du squelette du pauvre Yorick, ou par quelle magie il se trompa de sept ou huit siecles..., Les François conçoivent mieux qu'ils ne combinent.... Rien ne m'étonne dans ce monde, & encore moins ces especes de méprises... Je me suis avisé de faire quelques volumes de sermons bons ou mauvais, & un de nos évêques, dont je révere d'ailleurs la candeur & la piété, me disoit un jour qu'il n'avoit pas la patience de feuilleter des sermons qui avoient été composés par le bouffon du roi de Dannemarck. Mais, monseigneur, lui dis-je, il y a deux Yorick. Le Yorick, dont vous parlez, est mort & enseveli il y a huit siecles.... Il fleurissoit à la cour d'Horwendillus..... L'autre Yorick n'a brillé dans aucune cour, & c'est moi qui le suis... Il secoua la tête. Mon Dieu! monseigneur, ajoutai-je, vous voudriez donc me faire penser que vous pourriez confondre Alexandre le Grand avec l'Alexandre dont parle Saint Paul, & qui n'étoit qu'un chaudronnier?... Je ne sais, dit-il, mais n'est-ce donc pas le même?....

Ah! si le roi de Macédoine, lui dis-je, monseigneur, pouvoit vous donner un meilleur évêché, je suis bien sûr que vous sauriez le distinguer de l'artisan qui augmenteroit la batterie de votre cuisine....

Le comte de B. tomba dans la même erreur.

Vous êtes Yorick! s'écria-t-il.... Oui je le suis.... Vous? Oui, moi-même.

Bon Dieu ! dit-il, en m'embraſſant, c'eſt Yorick.

Il mit auſſi-tôt le volume de Shakeſpear dans ſa poche, & me laiſſa ſeul dans ſon cabinet.

Fin de la Premiere Partie.

TABLE
DES CHAPITRES
De la premiere Partie.

CHAP. I. *JE pars & j'arrive.* . Page 1
CHAP. II. *Calais, Senſations.* . . . 11
CHAP. III. *Le moine à Calais.* . . . 14
CHAP. IV. *Cauſe de repentir.* . . . 18
CHAP. V. *L'utilité des Avocats.* . . . 20
CHAP. VI. *La déſobligeante à Calais.* 22
CHAP. VII. *Préface dans la déſobligeante.* 23
CHAP. VIII. *Un prêté pour un rendu.* 33
CHAP. IX. *Dans la rue de Calais.* . . 36
CHAP. X. *La porte de la remiſe à Calais.* 40
CHAP. XI. *Tout ſe paſſe en converſation.* 43
CHAP. XII. *La tabatiere à Calais.* . 47
CHAP. XIII. *Victoire.* 51
CHAP. XIV. *Découverte.* 55

Page.
CHAP. XV. *Un autre en profiteroit.* 58
CHAP. XVI. *Aveu.* 60
CHAP. XVII. *Le malheur & le bonheur.* 63
CHAP. XVIII. *La maniere de voir.* 65
CHAP. XIX. *Montreuil.* 70
CHAP. XX. *Il faut savoir s'accommoder de tout.* 73
CHAP. XXI. *Discours préliminaire.* 76
CHAP. XXII. *Ce qui rend vertueux.* 78
CHAP. XXIII. *Fragment.* 80
CHAP. XXIV. *Plaisir rarement goûté.* 83
CHAP. XXV. *Le Bidet.* 87
CHAP. XXVI. *L'âne mort.* 91
CHAP. XXVII. *Le Postillon.* 95
CHAP. XXVIII. *Résolution.* 97
CHAP. XXIX. *La Lettre.* 107
CHAP. XXX. *Paris.* 109
CHAP. XXXI. *La Perruque.* . . . 111
CHAP. XXXII. *Le Poulx.* 114
CHAP. XXXIII. *Le Mari.* 118
CHAP. XXXIV. *Les Gants.* 122
CHAP. XXXV. *La Traduction.* . . 125
CHAP. XXXVI. *Le Nain.* 130
CHAP. XXXVII. *La Rose.* 137

CHAP. XXXVIII. *La Femme de Chambre.* . . Page. 142
CHAP. XXXIX. *Le Passeport.* . . 149
CHAP. XL. *Le Sansonnet.* 153
CHAP. XLI. *Le Captif.* 160
CHAP. XLII. *Anecdote.* 163
CHAP. XLIII. *Le Placet.* 166
CHAP. XLIV. *Les petits pâtés.* . . 168
CHAP. XLV. *L'Epée.* 175
CHAP. XLVI. *Moyen de se nommer.* 179

Fin de la Table de la premiere Partie.

www.ingramcontent.com/pod-product-compliance
Lightning Source LLC
Chambersburg PA
CBHW070408090426
42733CB00009B/1589
* 9 7 8 2 0 1 1 8 8 6 5 7 6 *